堀 裕亮 著
Yusuke Hori

ゼロからはじめる
統計モデリング

An Introduction to Statisitical Modeling

ナカニシヤ出版

はじめに

　本書は，大学の学部学生向けの統計モデリングの教科書です。卒業研究などでデータ分析が必要となるような学問分野を専攻している学生が，統計モデリングの基礎を理解し，自身の卒業研究などに利用できるようになることを目指しています。

　タイトルに「ゼロからはじめる」とあるように，統計学の知識がまったくない学生であっても，統計モデリングが使えるようになることを目指しています。そのため，第1章から第3章までは，「基礎固め」ともいえる内容になっています。第1章では，統計の初歩の初歩である，記述統計について解説します。第2章では，一部（標本）の情報から，全体（母集団）について推測するという，推測統計の考え方を基礎から解説します。そして，第3章では，統計モデリングをより深く学ぶために役立つ，ベクトルと行列について簡単に解説します。

　近年では，中学校や高校の数学の授業に，統計学の内容も含まれているため，すでに習っていることもあるかもしれません。しかし，カリキュラムは年々変わりますし，カリキュラムに入っていても十分には扱われない場合もあるので，一から解説します。したがって，文系・理系や，高校までの統計の履修の程度は問いません。ただし，和の記号Σや，確率の基本事項，簡単な微分・積分などは登場しますので，その辺りに自信がない場合は，高校までの数学を復習してください。

　第4章以降は，統計モデリングの解説に入ります。第4章では，統計モデリングの最も基本的な形ともいえる，線形モデル（LM）について解説します。第5章では，線形モデルの発展形である，一般化線形モデル（GLM）を解説します。そして第6章では，線形モデルや一般化線形モデルのさらなる発展形である，線形混合モデル（LMM）や一般化線形混合モデル（GLMM）についても解説します。

　実際にデータ解析を行うときには，コンピュータと，データ解析専用のソフトウェアが不可欠になります。統計解析のソフトウェアには様々なものがありますが，本書ではRを使用します。Rは，フリーソフトウェアで，誰でも無料でダウンロードして使用することができます。読者の皆さんは，ぜひ自分のパソコンにRをインストールして，実際に自分で手を動かしながら読み進めてください。自分で実際に計算してみることが，理解するために大きく役立ちます。

目次

はじめに　i

第1章　記述統計 …………………………………………… 1
　1-1　データの分類と整理　1
　1-2　統計ソフトウェアRの基礎　3
　1-3　度数分布とヒストグラム　8
　1-4　五数要約と箱ひげ図　12
　1-5　代表値と散布度　14
　1-6　相関係数　18

第2章　推測統計の基礎 …………………………………… 27
　2-1　確率分布　27
　2-2　母集団と標本　33
　2-3　点推定　34
　2-4　区間推定　40
　2-5　仮説検定　45

第3章　ベクトルと行列 …………………………………… 53
　3-1　ベクトルと行列の計算の基礎　53
　3-2　様々な行列　57

第4章　線形モデル ………………………………………… 61
　4-1　変数を直線で予測する　61
　4-2　パラメータの推定　63
　4-3　線形モデルに関する検定　67
　4-4　モデルの診断　70
　4-5　説明変数が複数ある場合　73
　4-6　説明変数が質的変数の場合　81
　4-7　交互作用　86
　4-8　線形モデルのまとめ　92

第5章　一般化線形モデル ………………………………… 95
　5-1　線形モデルを一般化する　95
　5-2　尤度と最尤推定　100
　5-3　検定とモデル選択　104

 5-4 様々な確率分布と連結関数 110
 5-5 一般化線形モデルのまとめ 115

第6章　混合モデル　……………………………………………119
 6-1 固定効果と変量効果 119
 6-2 線形混合モデル 121
 6-3 一般化線形混合モデル 128
 6-4 さらなる発展 133
 6-5 まとめ 134

 参考文献 135
 おわりに 137
 索　引 139

第1章
記述統計

本章では，データを整理し，その特徴を記述する方法—記述統計を解説します。記述統計は，どんなに複雑な分析を行う場合でも，その出発点となる非常に重要なものです。本章ではまず，データを分類・整理する方法からはじめ，データの分布の特徴を図表で確認する方法を解説します。また，分布の特徴の指標（代表値・散布度）を算出する方法や，2つの変数の関連の強さの指標（相関係数）を計算する方法についても解説します。

1-1 データの分類と整理

はじめに，データはどのように分類されるかと，データの整理の方法について説明します。

量的変数と質的変数

表1-1は，架空の学生A君に関する情報です。学籍番号，性別，年齢，身長，体重，今朝の体温，統計の成績という7つの項目が並んでいます。それぞれの項目のことを，統計解析では，**変数**（variable）と呼びます。「数」という字が入っていますが，必ずしも数値で表されるものばかりではないことに注意しましょう。

表1-1 ある学生A君のデータ

学籍番号	160177
性別	男
年齢	21歳
身長	175.5cm
体重	68.5kg
今朝の体温	36.5℃
統計の成績	B

何かの程度を，等間隔の目盛りを利用した数量で表す変数を，**量的変数**（quantitative variable）と呼びます。等間隔の目盛りとしては，定規，ハカリ，ビーカーなどの目盛りをイメージしてください。表 1-1 の中では，年齢，身長，体重，今朝の体温が量的変数です。

量的変数のうち，長さや重さのように，実数値で表せるもの（小数点以下まで表せるもの）は，**連続変数**（continuous variable）と呼びます。それに対して，飛び飛びの値しかとらないものは，**離散変数**（discrete variable）と呼びます。例えば，満年齢は，整数値しかとらないので離散変数です。

量的変数とは異なり，複数あるカテゴリのうちどれに分類されるかを表す変数を，**質的変数**（qualitative variable）または**カテゴリ変数**（categorical variable）と呼びます。表 1-1 の中では，学籍番号，性別，統計の成績が質的変数です。

数字で表記されているものであっても，質的変数である場合があるので注意しましょう。例えば，学籍番号は数字で表されていますが，これは学生を識別するための記号として数字を使っているだけなので，量的変数ではありません。

尺度水準

変数の具体的な値またはカテゴリを記録することを，**測定**（measurement）と呼び，記録されるものを**測定値**（measured value），あるいは**観測値**（observed value）と呼びます。測定値の集合が，データです。測定を行うときには，以下の 4 つの**尺度**（scale）があります。

量的変数で，原点が一意に定まる場合，そのデータは，**比率尺度**（ratio scale），または**比例尺度**と呼ばれます。「原点が一意に定まる」とはどういうことでしょうか。例えば，ハカリに何ものせていないとき，ハカリの針はゼロを指します。つまり，重さがゼロというのは，重さを測ろうとしている対象が「ない」ことを意味しています。このような状況を指して，原点が一意に定まると表現します。データが比率尺度のときは，データを使って四則演算（足し算，引き算，掛け算，割り算）ができます。

量的変数で，原点が任意に定められる場合，そのデータは，**間隔尺度**（interval scale）と呼ばれます。例えば，摂氏温度が 0℃ というのは，測ろうとしている温度が「ない」ことを意味しているのではありません。水が凍る温度を，便宜上ゼロと定めたものです。したがって，原点を別のところに移動させることもできます。例えば，摂氏温度は，華氏温度に変換することができます。このような状況を指して，原点が任意に定まると呼びます。データが間隔尺度の場合，加減（足し算，引き算）はできますが，乗除（掛け算，割り算）はできません。

質的変数で，カテゴリの順序に意味がある場合，そのデータは，**順序尺度**（ordinal scale）と呼ばれます。例えば，大学の成績評価で，成績が良い方から A，B，C，D とするような場合がこれにあたります。順序尺度と間隔尺度の違いは，等間隔の目盛りで測られているかどうかという点です。例えば，成績評価の場合，80 点以上が A，79 点〜70 点が B，といったように評価をしますので，A の人と B の人の得点差は必ずしも等しいとは限りません。したがって，等間隔の目盛りで測っているとはいえないことになります。

データが順序尺度の場合，厳密には，足し算や引き算などの計算をすることはできませ

ん。ただし，順序尺度でカテゴリ数が多い場合は，カテゴリ間の間隔が等しいと仮定した上で，計算を行うことがあります。例としては，質問紙調査で，自分がどれくらい強くそう思うかを 1〜6 の 6 段階で回答してもらう場合などが挙げられます。

質的変数で，カテゴリの順序に意味がない場合，そのデータは**名義尺度**（**nominal scale**）と呼ばれます。例えば，性別や出身地などが名義尺度にあたります。名義尺度の場合は，どのような計算も意味はありません。

データを集めるときには，どのような変数を，どのような尺度で測定するのかが非常に重要になります。なぜなら，それによって可能な分析方法が異なってくるからです。実際の実験や調査を始める前に，どのような変数を，どのような尺度で測定すれば，研究の「問い」に答えられるかをよく考えておく必要があります。

データの整理

表 1-1 は，A 君 1 人分のデータでしたが，実際のデータ分析では，このようなデータが何人分も集まります。そのとき，どのように整理をすればよいでしょうか。データの整理の仕方には様々な方法がありますが，多くの場合，Microsoft Excel のような表計算ソフトを使って整理します。表計算ソフトを使ってデータの整理をするときは，図 1-1 のようにデータを並べると便利です。

列

	氏名	学籍番号	性別	年齢	身長	体重	今朝の体温	統計の成績
1	A	160177	男	21	175.5	68.5	36.5	B
2	B	160178	女	19	160.8	50.1	36.5	A
3	C	160179	男	22	165.5	72.8	37.0	D
4	D	160180	男	20	182.4	75.6	36.8	A
5	E	160181	女	21	155.3	45.8	35.8	B

行

図 1-1　データ整理の例

図 1-1 において，横の並びを**行**（**row**），縦の並びを**列**（**column**），それぞれの升目を**セル**（**cell**）と呼びます。表計算ソフトでデータの整理をするときには，1 つの列が 1 つの変数を表すようにします。そして，1 つの行に 1 人分のデータを入れるようにします。こうしておくと，後から分析をするときに便利になります。

1-2 統計ソフトウェア R の基礎

実際に統計解析を行うときには，コンピュータと，統計解析用のソフトウェアが不可欠になります。統計ソフトウェアには様々なものがありますが，本書では R というソフトウェアを紹介します。本節では，R の使い方の基礎を紹介します。

R とは？

R は，The R Foundation for Statistical Computing という団体が開発しているフリーソ

フトウェアです。フリーなので，無料でダウンロードして使うことができます。無料ではありますが，非常に高機能で，様々な統計解析を行うことができます。さらに，プログラミング言語としての性質をもち，自分でプログラミングをして新しい機能を追加することができます。そのため，「R言語」と呼ばれることもあります。

　Rの使い方については様々な書籍が出ていますし，インターネット上にも有益な情報がたくさんあります。したがって，本書ではRの使い方の詳細までは解説しません。本書で紹介する分析手法を実行するための，必要最小限の手順を紹介したいと思います。使い方の詳細については，舟尾（2009）などを参照してください。

Rをインストールする

　Rは，CRANというホームページ（https://cran.r-project.org/index.html）から，無料でダウンロードすることができます。Linux版，Mac OS版，Windows版の3種類が選べます。自分の使っているOSに適したものを選んでダウンロードし，インストールしてください。本書では，Windows版の使用方法を紹介します。

　2017年2月時点の最新バージョンは，Version 3.3.2（2016年10月31日公開）です。本書で紹介する方法はすべて，Version 3.3.2のものです。時々新しいバージョンが発表されますので，できるだけ最新のバージョンを使用するようにしてください。

Rの基本操作

　インストールしたRを起動すると，以下のような画面が開きます。白いウインドウのことを，**コンソール（console）**と呼びます。コンソールに様々なコマンド（命令）を書き込んで，操作していきます。

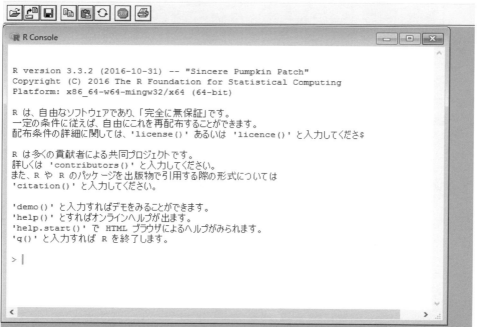

データを R に読み込ませる

R で分析を行うには，まずはデータを R に読み込ませる必要があります。ここでは，前節で紹介した方法で整理したデータを，R に読み込ませる方法を紹介します。

Excel を使用して，前節のような形式でデータを整理したら，ファイルを「CSV」という形式で保存します。ファイルを保存するときに，「ファイルの種類」を「CSV（カンマ区切り）」にすると，CSV 形式でファイルを保存できます。通常の Excel ファイルでは，1 つのファイルに複数のシートを入れることができます。しかし，CSV ファイルでは，1 つのファイルに 1 つのシートしか入れられないので注意してください。

	A	B	C	D
1	id	score	grade	
2	1	61	C	
3	2	73	B	
4	3	74	B	
5	4	68	C	
6	5	65	C	
7	6	69	C	
8	7	38	D	
9	8	50	D	
10	9	75	B	
11	10	76	B	
12	11	67	C	
13	12	72	B	
14	13	75	B	
15	14	72	B	
16	15	54	D	

次に，R を起動します。R のメニューの「ファイル」から，「ディレクトリの変更」を選択し，読み込みたいファイルが保存されているフォルダを選択します。次に，以下のようなコマンドを，コンソールに打ち込みます。

```
> d<-read.csv("data1.csv")
```

上記のコマンドは，「"data1.csv"という名前の CSV ファイルに，d という名前をつけて読み込む」という意味です。「d」というのは名前ですので，わかりやすいものであれば何でも構いません。

read.csv()のカッコの中に，読み込みたいファイルの名前を，ダブルクォーテーション（""）でくくって記入します。上記のコマンドを入力して Enter キーを押すと，コマンドが実行され，CSV ファイルが R に読み込まれます。もしうまく読み込まれない場合は，「ディレクトリの変更」で選択したフォルダに目的のファイルがあるかどうか，ファイル名が正確に打ち込まれているかどうかを確認してください。

上記のコマンドでデータファイルを読み込んだ後に「d」を呼び出すと，以下のようにデータファイルの中身が表示されます。このような形式のデータは，R 上では，**データフレーム（data frame）** と呼ばれます。データをデータフレーム形式で R に読み込み，様々な分析をしていきます。

```
> d
   id score grade
```

```
 1   1  61  C
 2   2  73  B
 3   3  74  B
 4   4  68  C
 5   5  65  C
 6   6  69  C
 7   7  38  D
 8   8  50  D
 9   9  75  B
10  10  76  B
（以下，略）
```

データフレームを操作する

　データフレームは，複数の行と列から成り立っています。データフレームの中から，特定の行や列を抜き出すことができます。特定の名前の列を呼び出したいときには，データフレームの名前と列の名前を「$」でつないで呼び出すことができます。

```
> d$score
 [1] 61 73 74 68 65 69 38 50 75 76 67 72 75 72 54 67 63 73 72 73 68 80 73 74
[25] 66 64 77 63 56 61 75 82 74 74 60 53 76 72 77 66 76 61 69 62 57 68 66 73
[49] 71 69 69 84 72 91 87 65 65 71 80 90 67 85 70 91 81 55 91 63 65 61 59 74
[73] 51 77 78 70 62 71 56 63 80 61 50 71 62 49 61 77 79 78 54 76 75 63 64 73
[97] 65 93 77 56
```

　また，行や列を番号で呼び出すこともできます。例えば，データフレーム d から 1 行目を呼び出したいときは，以下のようにします。

```
> d[1,]
  id score grade
1  1    61     C
```

1 列目を呼び出したいときは，以下のようにします。

```
> d[,1]
 [1]   1   2   3   4   5   6   7   8   9  10  11  12  13  14  15  16  17  18
[19]  19  20  21  22  23  24  25  26  27  28  29  30  31  32  33  34  35  36
[37]  37  38  39  40  41  42  43  44  45  46  47  48  49  50  51  52  53  54
[55]  55  56  57  58  59  60  61  62  63  64  65  66  67  68  69  70  71  72
[73]  73  74  75  76  77  78  79  80  81  82  83  84  85  86  87  88  89  90
[91]  91  92  93  94  95  96  97  98  99 100
```

行の番号と列の番号を両方指定して，特定のセルを呼び出すこともできます。例えば，

3番目の人の成績評価を知りたければ、3行目の3列目を呼び出せばよいので、以下のようにします。3番目の人の成績評価は、A、B、C、Dの四段階のうち、Bであるということがわかります。

```
> d[3,3]
[1] B
Levels: A B C D
```

Rの関数

先ほどのコマンドの中の、read.csv()は、**関数（function）**と呼ばれるものです。コンピュータにおける関数とは、何らかの入力に対して、何らかの出力を返すものを指します。Rの関数は、read.csv()のように、名前の後にカッコがついた形式になっています。カッコの中に入力を入れて、Enterキーを押すと出力が返されます。入力するもののことを、**引数**と呼びます。

Rには、たくさんの関数が用意されています。関数の使い方が知りたいときには、help()という関数でヘルプを見ることができます。下記のように、使い方を調べたい関数の名前をhelp()関数の引数にすると、HTML形式のヘルプが呼び出されます。公式のヘルプはすべて英語ですが、インターネット上には、日本語でRの使い方を解説しているWebページもたくさんあります。関数の使い方がわからないときには、インターネットで検索してみるのもよいでしょう。

```
> help(read.csv)
```

パッケージ

R用の関数のセットのことを、パッケージと呼びます。パッケージには、Rをインストールした時から備わっているものもあれば、Web上からダウンロードしてインストールするものもあります。

パッケージをWeb上からダウンロードしてインストールするには、install.packages()という関数を使います。コンピュータがインターネットに接続している状態で、以下のようなコマンドを実行します。

```
> install.packages("car")
```

インストールしたいパッケージの名前を、ダブルクォーテーションでくくってカッコの中に入れます。コマンドを実行すると、ミラーサイトを選択する画面が現れます。ミラーサイトとは、本家のCRANとまったく同じ機能を提供するWebページです。アクセスが集中することを防ぐために、世界中にミラーサイトがあります。日本にも、統計数理研究所が提供しているミラーサイトがあります。適当なミラーサイト（どこでも構いません）を選択して、「OK」をクリックすると、パッケージがインストールされます。場合によっては、そのパッケージを使うのに必要な別のパッケージも、同時にインストールされることもあります。

パッケージは，インストールしただけでは使えません。パッケージを使うには，library()という関数を使って呼び出す必要があります。以下のようにしてパッケージを呼び出すと，パッケージに含まれる関数が使えるようになります。

```
> library(car)
```

パッケージは，一度インストールすればずっと使うことができます。ただし，Rを起動するたびに毎回呼び出す必要があります。つまり，一度Rを終了してからもう一度起動した場合は，またlibrary()関数を使用して呼び出す必要があります。

1-3 度数分布とヒストグラム

前節までは，データの分類と整理の方法について説明し，整理したデータをRに読みこむ方法を説明しました。本節からは，整理したデータを要約する方法を説明します。

度数分布表

測定値を記録しただけのものを，**生データ**（raw data）と呼びます。生データは数字や文字の羅列ですから，そのままではそれが何を意味しているかを読み取るのは困難です。したがって，データがどのような特徴をもっているのかを要約する必要があります。

ここからは，仮想データを使って説明していきます。仮想データは，学生100人分のテストの得点と成績評価とします。テストの得点は100点満点，成績はA，B，C，Dの四段階で評価されているとします。このデータが，dという名前のデータフレームとしてRに読み込まれているとします。

```
> d
   id score grade
1   1    61     C
2   2    73     B
3   3    74     B
4   4    68     C
5   5    65     C
6   6    69     C
7   7    38     D
8   8    50     D
9   9    75     B
10 10    76     B
（以下，略）
```

データがどのような姿をしているのか把握するには，**度数分布**（frequency distribution）を見るという方法があります。度数分布を表にまとめたものを**度数分布表**（frequency distribution table）と呼び，表の各セルの測定値の個数を**度数**（frequency）と呼びます。

質的変数の場合，度数分布は，それぞれのカテゴリがいくつ観測されたかを表します。成績データの場合，それぞれの成績評価の人が何人いるかを示します。例えば，仮想データの成績評価の度数分布表は，表1-2のようになります。

各セルの度数を，全体の度数（総度数）で割ったものを，**相対度数**（relative frequency）と呼びます。相対度数は，全体を1としたときの各セルの比率を表します。相対度数を，順番に足し合わせていったものを，**累積相対度数**（cumulative relative frequency）と呼びます。

Rでは，table()関数を使うと度数分布が求められます。table()関数の計算結果に対してprop.table()関数を使うと相対度数が求められます。また，相対度数に対して，累積和を計算する関数cumsum()を使うと，累積相対度数が求められます。

表1-2　成績評価の度数分布

成績評価	度数	相対度数	累積相対度数
A	13	0.13	0.13
B	38	0.38	0.51
C	35	0.35	0.86
D	14	0.14	1.00

```
> # 度数分布
> table(d$grade)
 A  B  C  D
13 38 35 14

> # 相対度数
> prop.table(table(d$grade))
   A    B    C    D
0.13 0.38 0.35 0.14

> # 累積相対度数
> cumsum(prop.table(table(d$grade)))
   A    B    C    D
0.13 0.51 0.86 1.00
```

量的変数の度数分布

量的変数の場合は，値をいくつかの範囲に区切り，それぞれの範囲にいくつ測定値があるかを示します。区切る範囲のことを，**階級**（class）と呼びます。階級の上限の値と下限の値を足して2で割ったものを，**階級値**（class value）と呼びます。仮想データの得点の度数分布表は，表1-3のようになります。

表 1-3 得点の度数分布

階級	階級値	度数	相対度数	累積相対度数
35-40	37.5	1	0.01	0.01
40-45	42.5	0	0.00	0.01
45-50	47.5	3	0.03	0.04
50-55	52.5	5	0.05	0.09
55-60	57.5	6	0.06	0.15
60-65	62.5	21	0.21	0.36
65-70	67.5	15	0.15	0.51
70-75	72.5	24	0.24	0.75
75-80	77.5	15	0.15	0.90
80-85	82.5	4	0.04	0.94
85-90	87.5	2	0.02	0.96
90-95	92.5	4	0.04	1.00

ヒストグラム

　度数分布を視覚化したものを，**ヒストグラム**（histogram）と呼びます。図1-2は，仮想データの得点のヒストグラムです。横軸が得点，縦軸が各階級の度数を示しています。横軸が量的変数の場合は，棒と棒の間に切れ目を入れずに描きます。ヒストグラムを描くと，どの階級で度数が一番高いか，測定値がどのように散らばっているかなどが直感的に

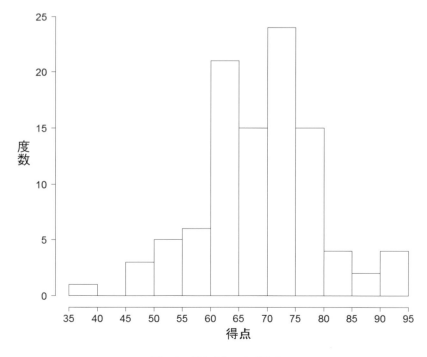

図 1-2　得点のヒストグラム

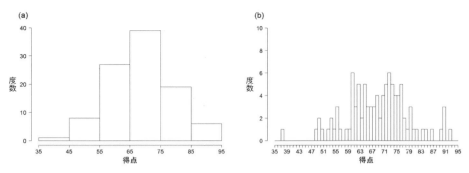

図 1-3 得点のヒストグラム
(a) 10 点刻みで階級分けした場合 (b) 1 点刻みで階級分けした場合

わかりやすくなります。

　ヒストグラムを描くときに問題になるのは，階級をどのように分けるかです。同じデータであっても，階級の分け方を変えると，ヒストグラムの見た目は変化します。例えば，同じテストの得点でも，10 点刻み（図 1-3a）と 1 点刻み（図 1-3b）では，だいぶ見た目が変わります。階級の数は，多すぎても少なすぎてもよくありません。データの性質と分析の目的に合わせて階級分けをするようにしましょう。

　R では，hist()という関数を使うと，ヒストグラムを描くことができます。以下のように，データフレームの得点の列を引数に入れると，ヒストグラムが出力されます。

```
> h1<-hist(d$score)
```

hist()関数では，自動的に階級分けが行われます。どのように階級分けされたかは，出力された図を見れば確認できますが，以下のように，「$breaks」としても確認できます。

```
> # どのように階級分けされたか確認
> h1$breaks
 [1] 35 40 45 50 55 60 65 70 75 80 85 90 95
```

各階級の度数は，「$counts」とすると出力されます。これを比率に変換すれば相対度数になります。また，相対度数の累積和を求めれば，累積相対度数になります。

```
> # 度数
> h1$counts
 [1]  1  0  3  5  6 21 15 24 15  4  2  4

> # 相対度数
> prop.table(h1$counts)
 [1] 0.01 0.00 0.03 0.05 0.06 0.21 0.15 0.24 0.15 0.04 0.02 0.04
```

```
> # 累積相対度数
> cumsum(prop.table(h1$counts))
 [1] 0.01 0.01 0.04 0.09 0.15 0.36 0.51 0.75 0.90 0.94 0.96 1.00
```

計算した度数,相対度数,累積相対度数を表にまとめたのが,表 1-3 です。ちなみに,hist()関数のデフォルトでは,各階級には下限は含まれず,上限が含まれます。つまり,「35 – 40」という階級の度数は,「35 点よりも高く,40 点以下($35 < x \leq 40$)」の人の数を意味しています。これを,「35 点以上,40 点未満($35 \leq x < 40$)」に変更したい場合は,hist()関数に,「right=F」という引数を加えます。

また,階級幅を変えたい場合は,breaks という引数を指定すれば変更できます。以下の例では,等差数列を作る関数 seq()を利用して,階級分けを指定しています。「seq(35, 95, 10)」というのは,35 から,95 まで,10 点刻みで階級分けするという意味です。

```
> #10 点刻みで階級分け(図 1-3a)
> h2 <-hist(d$score,breaks=seq(35,95,10))

> #1 点刻みで階級分け(図 1-3b)
> h3 <-hist(d$score,breaks=seq(35,95,1))
```

R には,ヒストグラムだけでなく,様々な図が描ける関数が用意されています。本書の図も,ほとんどは R を利用して描いたものです。本書では,図の描き方の詳細までは解説しませんが,舟尾(2009)では,R を利用して様々な図を描く方法が解説されています。

1-4 五数要約と箱ひげ図

前節では,データの分布を見る方法として,度数分布表と,それを視覚化したヒストグラムを紹介しました。その他にも,データの分布を見るときに便利な図として,**箱ひげ図**(boxplot)があります。

箱ひげ図

仮想データの得点を,箱ひげ図に示したものが図 1-4 です。長方形があり,その上下から線がのびています。箱からひげが 2 本のびているような形をしているので,箱ひげ図と呼ばれます。R では,boxplot()という関数を使うと,箱ひげ図が描けます。

```
> boxplot(d$score)
```

箱ひげ図の下側のひげの先端は,データの中で最も小さな値,すなわち**最小値**(minimum)を表します。上側のひげの先端は,データの中で最も大きな値,すなわち**最大値**(maximum)を表します。

箱の両端と,箱の中に引かれている太線は,**四分位数**(quartile)を表します。四分位

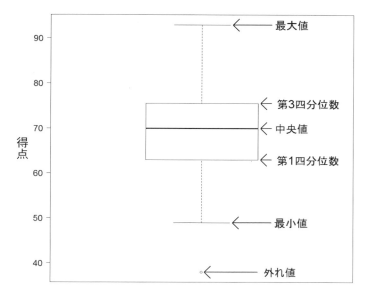

図 1-4 仮想データの得点の箱ひげ図

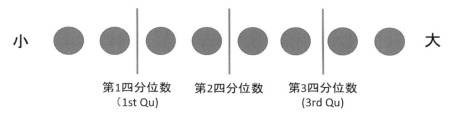

図 1-5 四分位数のイメージ

数とは，データを大きさの順に並べ，四等分に区切ったときに，その仕切りとなる値です（図 1-5）。小さい方から，第 1 四分位数，第 2 四分位数，第 3 四分位数と呼ばれます。箱ひげ図の箱の下端が第 1 四分位数，上端が第 3 四分位数です。箱の中の太線は，第 2 四分位数を表します。第 2 四分位数は，ちょうど中央にくる値なので，**中央値**（median）と呼ばれます。

図 1-4 を見ると，最小値よりも下に 1 つだけ点があることがわかります。これは，**外れ値**（outlier）と呼ばれるもので，他と比べて極端な値です。外れ値については，次節で詳しく説明します。

五数要約

データから，最小値，最大値，四分位数を求めることを，**五数要約**（five-number summary）と呼びます。R では，summary()という関数を使うと，最小値，最大値，四分位数と平均値が求められます（平均値については次節で詳しく説明します）。

```
> summary(d$score)
   Min. 1st Qu.  Median    Mean 3rd Qu.    Max.
  38.00   63.00   70.00   69.28   75.25   93.00
```

五数要約を視覚化したものが，箱ひげ図です。箱ひげ図は日常生活で使われることはあまり多くありませんが，学術論文ではよく使われます。データの分布について，多くの情報を与えてくれるとても便利な図なので，読み方はぜひ覚えておきましょう。

1-5 代表値と散布度

前節までは，度数分布や五数要約によって，分布の姿を把握する方法を説明してきました。分布の特徴を記述する際には，分布の中心や，分布のばらつきを示す値を計算するという方法もあります。本節では，そのような指標として，代表値と散布度を紹介します。

代表値

データの分布を代表するような値のことを，**代表値**（average）と呼びます。代表値にはいくつか種類がありますが，ここでは平均値，中央値，最頻値を紹介します。

代表値の中でも最もよく使われるのが，**平均値**（mean）です。平均値は，測定値の総和を測定値の個数で割ることで求められます。この方法で求められる平均値は，厳密には，算術平均または相加平均と呼ばれます。統計学では，$\bar{x}$（エックスバー）という記号で表記されることが多いです。測定値の個数を N，i 番目の測定値（$i=1, 2, \cdots, N$）を x_i と表すと，以下の式で求めることができます。

$$\bar{x} = \frac{x_1 + x_2 + \cdots + x_N}{N} = \frac{1}{N}\sum_{i=1}^{N} x_i$$

R では，mean() という関数を使うと，平均値を求めることができます。例えば，仮想データのテスト得点の平均値は，以下のように求められます。

```
> mean(d$score)
[1] 69.28
```

前節で紹介した中央値も，代表値として使われます。中央値は，R では median() 関数で求めることができます。

```
> median(d$score)
[1] 70
```

平均値，中央値以外の代表値としては，**最頻値**（mode）があります。最頻値は，モードとも呼ばれ，データの中で最も出現頻度が高い測定値のことです。

質的変数の場合は，度数が最も高いカテゴリが最頻値となります。例えば，仮想データの成績評価（表 1-2）では，B が最頻値になります。

量的変数の場合は，最も度数が高い階級の階級値が最頻値となります。例えば，仮想データのテスト得点（表 1-3）の最頻値は，72.5 となります。最頻値は定義上，複数存在する場合もあります。また，量的変数の場合は，階級の分け方を変えることによって変化することもあります。

代表値の使い分け

データの尺度によって，使用可能な代表値は異なります。平均値は，データが比率尺度または間隔尺度の場合しか使えません。これに対して中央値は，データの順位関係が定義できればよいので，順序尺度の場合も使えます。最頻値は，データの度数分布から求められるので，どの尺度でも使えます。

順序尺度の場合，厳密には平均値は使えません。ただし，便宜的に平均値を計算する場合があります。例えば，質問紙調査で，6段階で回答してもらうような場合が挙げられます。この場合，データは厳密には順序尺度です。しかし，カテゴリ間の間隔が等しいと仮定して間隔尺度のように扱い，平均値を計算することがあります。

平均値の問題点として，外れ値（outlier）の影響を受けやすいという性質があります。外れ値がある場合，平均値は，分布の中心を適切に反映しない場合があります。外れ値がある場合は，平均値よりも中央値の方が，代表値として適しています。したがって，代表値を計算するときには，いきなり平均値を計算するのはよくありません。まずは，ヒストグラムや箱ひげ図で分布の形を確認し，外れ値がないかどうかを確認しておきましょう。

散布度

データの特徴を記述するとき，代表値を示すだけでは，情報としては不十分です。例えば，テストの得点の平均値が 50 点だったとしても，ほとんどの人が 50 点近くである場合もあれば，30 点台から 70 点台まで幅があるような場合もあります。そのようなデータのばらつきの指標のことを，**散布度**（dispersion）と呼びます。散布度が小さければそれだけ測定値が代表値の近くに集中しているということになります。したがって，散布度は代表値の信頼性を表しているともいえます。

分散と標準偏差

散布度にも，いくつか種類があります。よく使われるのが，**分散**（variance）です。分散は，各測定値の平均値との差（**偏差**と呼ばれます）の 2 乗をすべて足し合わせたものを，測定値の個数で割ることで求められます。分散の値が大きければ，それだけデータのばらつきが大きいということになります。

$$V = \frac{(x_1 - \bar{x})^2 + (x_2 - \bar{x})^2 + \cdots + (x_N - \bar{x})^2}{N} = \frac{1}{N} \sum_{i=1}^{N} (x_i - \bar{x})^2$$

分散は，計算するときに偏差を 2 乗しているので，もとの測定値とは単位が異なります。そこで，もとの測定値と単位を揃えるために，分散の正の平方根をとったものを，**標準偏差**（standard deviation）と呼びます。標準偏差は，論文などでは英語の頭文字をとって，SD と表記されることが多いです。

$$SD = \sqrt{V}$$

不偏分散

分散を計算するときには，偏差の 2 乗和を測定値の個数（N）で割ると説明しました。しかし，N ではなく，N から 1 を引いた値（$N-1$）で割ることもあります。$N-1$ で割っ

て求める分散は，**不偏分散**（unbiased variance）と呼ばれます．実際のデータ分析では不偏分散が使われることの方が多いです．その理由は，第2章で詳しく説明します．本書では，不偏分散を，小文字のアルファベットsを使って，s^2と表記します．

$$s^2 = \frac{(x_1-\bar{x})^2+(x_2-\bar{x})^2+\cdots+(x_N-\bar{x})^2}{N} = \frac{1}{N-1}\sum_{i=1}^{N}(x_i-\bar{x})^2$$

Rで分散を計算する関数としては，var()があります．注意が必要なのは，この関数で計算されるのは不偏分散であるという点です．不偏でない分散（偏差の2乗和をNで割った分散）を求めたい場合は，var()関数の計算結果に$\frac{(N-1)}{N}$をかければ求められます．

```
> # 不偏分散
> var(d$score)
[1] 102.7491


> # 測定値の個数を数える
> N <- length(d$score)
> N
[1] 100


> # 不偏でない分散を求める
> var(d$score)*(N-1)/N
[1] 101.7216
```

標準偏差を計算する関数としては，sd()があります．この関数でも，計算されるのは，不偏分散の正の平方根をとったものです．そのため，sd()関数の計算結果は，平方根を求める関数sqrt()を使って，不偏分散の正の平方根をとったものと一致します．

```
> sd(d$score)
[1] 10.13652

> sqrt(var(d$score))
[1] 10.13652
```

その他の散布度

分散以外によく使われる散布度として，**四分位範囲**（interquartile range）があります．四分位範囲は，第3四分位数と第1四分位数の差のことで，箱ひげ図の箱の長さに相当します．四分位範囲は，英語の頭文字をとって，**IQR**と表記されることもあります．また，四分位範囲を2で割った値を四分位偏差と呼び，これを散布度とすることもあります．四分位範囲は，IQR()という関数で求めることができます．

```
> # 四分位範囲
```

```
> IQR(d$score)
[1] 12.25

> # 四分位偏差（四分位範囲を2で割る）
> IQR(d$score)/2
[1] 6.125
```

　その他の散布度としては，**レンジ（range）**があります。これはデータの最大値と最小値の差分のことで，散布度としてはだいぶ粗いものです。最大値と最小値を両方示して，レンジとすることもあります。

散布度の使い分け

　散布度は代表値の信頼性を示すものでもあります。そのため，代表値とセットで示すのが一般的です。平均値を代表値として使用する場合には，分散または標準偏差をセットで示します。標準偏差の方が，平均値と単位が揃っているのでわかりやすいでしょう。中央値を代表値として示す場合には，四分位範囲または四分位偏差をセットで示します。

外れ値

　他と比べて極端に大きい，または小さい測定値のことを，外れ値と呼びます。どれだけ外れていれば外れ値と呼ぶかには，いくつかの定義があります。1つの目安として，「第1四分位数 − 1.5 ×四分位範囲よりも小さい値」，および「第3四分位数 + 1.5 ×四分位範囲よりも大きい値」を外れ値にする，というものがあります。つまり，箱ひげ図の箱から，± 1.5 ×四分位範囲よりも離れている値を外れ値とする，というものです。例えば，図1-6の，矢印で示した範囲よりも外側にある値のことです。

　データの中に外れ値があるときは，なぜ外れ値が生じたのかをよく考えることが必要です。測定機器の不具合や，実験者による記録ミスなどで，外れ値が生じている場合もあります。そのような場合は，外れ値を除去して分析することになります。外れ値が生じた原因が不明な場合は，外れ値の影響を受けにくい代表値を使用するなどの工夫が必要になってきます。

データをとったらすること

　実際にデータ分析をするときには，つい代表値に気をとられがちです。例えば，データをとったらいきなり平均値を計算してしまうような人もいます。しかし，平均値は，外れ値がある場合には，代表値として適切でない場合もあります。そのため，最初は必ず分布の形を見るところから始めましょう。そのためには，ヒストグラムや箱ひげ図などの図を活用すると，分布の形が直感的にわかりやすくなります。また，ヒストグラムや箱ひげ図を使えば，分布の形だけでなく，外れ値がないかも同時に確認することができます。代表値を示す場合は，データの尺度に適した代表値を示し，散布度も合わせて示すようにしましょう。

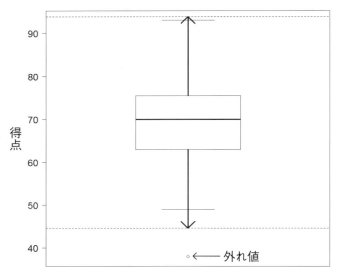

図 1-6 外れ値の基準の一例
矢印の長さは四分位範囲×1.5。

1-6 相関係数

前節までは，1つの変数を要約する方法について説明してきました。本節では，2つの変数の関連性の強さを計算する方法について説明します。

相関

2つの量的変数，xとyがあるとします。図1-7のように，片方を横軸，もう片方を縦軸にとった図を描いてみます。この図を**散布図**（scatter plot）と呼びます。散布図を描いたときに，全体として右上がり，または右下がりになっているとき，2つの変数の間には，**直線的な関係**があると表現します。この直線的な関係性のことを，**相関**（correlation）と呼びます。「相関」という言葉は，もう少し広い意味で，変数間の関連性を表す言葉として使われることもありますが，本書では，直線的な関係性のことを指して相関と呼びます。

片方が大きくなればもう片方も大きくなる，つまり，散布図にしたときに右上がりになる場合（図1-7a）を，**正の相関**（positive correlation）と呼びます。これに対して，片方が大きくなればもう片方が小さくなる，つまり，散布図にしたときに右下がりになる場合（図1-7b）を，**負の相関**（negative correlation）と呼びます。

共分散

散布図を描いたとき，図1-7のように明確な右肩上がり，または右肩下がりになるとき，2変数間には強い相関があると表現します。相関の強さを数値で表すための指標に，**共分散**（covariance）があります。2つの量的変数xとyについて，N組の測定値があるとき，共分散は，xとyそれぞれの偏差を掛けて足し合わせたもの（偏差積和）を，Nで割るこ

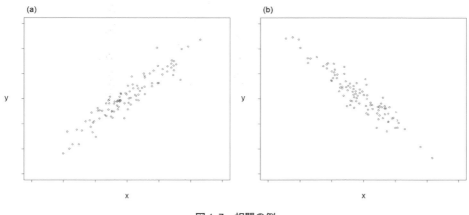

図 1-7 相関の例
(a) 正の相関　(b) 負の相関

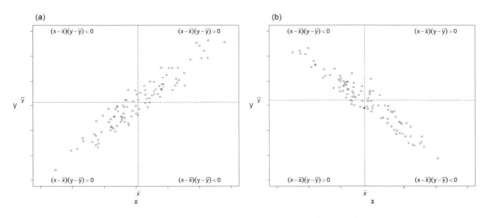

図 1-8 散布図における点の位置と偏差積和の正負

とで求められます。

$$S_{xy} = \frac{1}{N}\sum_{i=1}^{N}(x_i-\bar{x})(y_i-\bar{y})$$

　共分散は，正の相関があるときは正の値，負の相関があるときは負の値になります。また，相関が強ければ強いほど，絶対値は大きくなります。なぜそうなるのかは，図で考えるとわかりやすいでしょう。図1-8のように，散布図の，xの平均とyの平均のところにそれぞれ直線を引き，平面を4つに分割します。正の相関があるときは，4つの領域のうち，右上と左下の領域に点が集中します。この領域は，偏差の積$(x_i-\bar{x})(y_i-\bar{y})$が正になる領域なので，この領域に点が多ければ，偏差積和は正の値になり，絶対値が大きくなります。これに対して，負の相関があるときは，左上と右下の領域に点が集中するので，偏差積和は負の値になります。

ピアソンの積率相関係数

　相関が強ければ，共分散の絶対値は大きくなります。しかし，共分散の大きさは，元の測定値の絶対値にも左右されます。そこで，測定値の絶対値に関係なく，相関の強さを評

価できる指標として，**ピアソンの積率相関係数**（Pearson's product-moment correlation coefficient）があります．ピアソンの積率相関係数は，2変数の共分散を，それぞれの変数の標準偏差の積で割ることで求められます．

$$r_{xy} = \frac{S_{xy}}{s_x s_y}$$

ピアソンの積率相関係数は，rの記号を用いて表記されるのが一般的なため，「ピアソンのr」とも呼ばれます．特にことわりなく「相関係数」という言葉を使う場合は，ピアソンのrを指すことが多いです．

ピアソンのrは，正の相関があれば正の値，負の相関があれば負の値をとり，-1から1の間の値をとります．絶対値が1に近いほど，相関が強いということになります．絶対値が1になるのは，データが完全に一直線上に並んでいる場合です．右上がりの一直線上に並んでいる場合は$r=1$，右下がりの一直線上に並んでいる場合は$r=-1$になります．

Rでは，cor()という関数で，ピアソンのrを求めることができます．以下のように，2つの量的変数を引数に指定して求めます．

```
> d
    x   y
1  22  60
2  21  53
3   7  51
4   6  42
5  14  56
6  10  50
7  12  48
8   7  49
9   8  45
10  9  50
>
> cor(d$x,d$y)
[1] 0.7820991
```

層別相関

相関を計算するときに注意が必要なのは，性質の異なる集団が混ざっている場合です．例えば，2つの集団AとBで，それぞれ2つの量的変数xとyの値を測定したとします．そして，散布図を描いたところ，図1-9のようになったとします．

図1-9を見ると，xとyの間に明確な相関があるようには見えません．しかし，グループ別に散布図を描いてみると，グループAでは正の相関があり，グループBでは相関はないことがわかります（図1-10）．

性質の異なる集団がデータに混ざっていて，集団ごとに相関の強さが異なる場合，それをまとめて相関を計算してしまうと，誤った結論を導いてしまうことがあるので注意が必

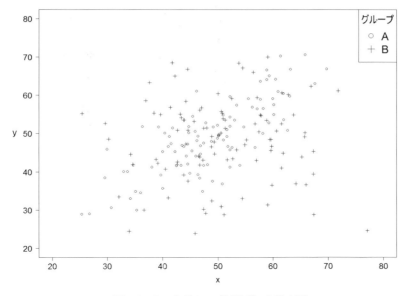

図 1-9 2つのグループが混ざった散布図

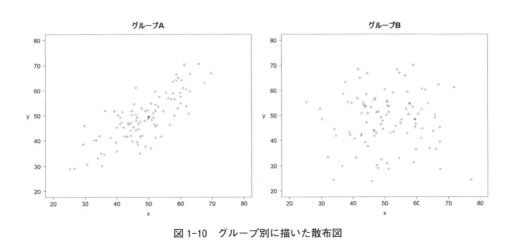

図 1-10 グループ別に描いた散布図

要です。このようなときは，集団ごとに（層別に）相関を計算する必要があります。性質の異なる複数の集団がデータに混ざっている場合は，先ほどの例のように集団ごとに図を描き，それぞれの違いを把握してから計算を行うのがよいでしょう。

順位相関係数

ピアソンの r には，外れ値の影響を受けやすいという欠点があります。以下のデータ例を見てみましょう。

```
> d
         x        y
1  41.97367 54.54175
2  38.95286 62.65429
```

```
3   36.85234  37.81107
4   50.33867  48.42930
5   52.04902  44.03408
6   33.59432  61.68790
7   62.22857 150.00000
8   60.56563  48.82124
9   51.94623  37.81060
10  42.45115  48.00060

> cor(d$x,d$y)
[1] 0.429755
```

2つの量的変数xとyがあり，ピアソンのrを計算すると，$r=0.43$となり，値だけ見ると正の相関があるように思えます。しかし，データを散布図にしてみると，右上の方に1つだけ極端に大きな値（外れ値）があることがわかります（図1-11）。この例では，外れ値の影響でrの値が大きくなっていると考えられます。

外れ値の影響を受けにくい相関の指標として，**スピアマンの順位相関係数**（Spearman's rank correlation coefficient）があります。スピアマンの順位相関係数は，ギリシャ文字のρ（ロー）を使って表記されることが多く，以下の式で計算できます。

$$\rho = 1 - \frac{6\sum_{i=1}^{N} d_i^2}{N(N^2-1)}$$

スピアマンのρを計算するには，まずデータを順位に変換します。Rでは，rank()という関数で，データを順位に変換できます。

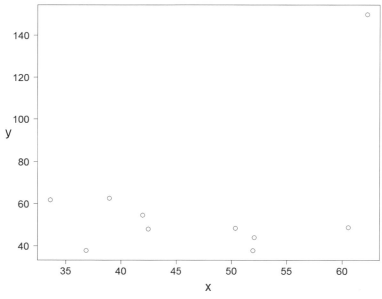

図1-11　外れ値があるデータの例

```
> #xとyをそれぞれ順位に変換
> xr <-rank(d$x)
> xr
 [1]  4  3  2  6  8  1 10  9  7  5
>
> yr <-rank(d$y)
> yr
 [1]  7  9  2  5  3  8 10  6  1  4
```

順位に変換したら，対応する組の順位の差の2乗（d_i^2）を計算します。d_i^2の和を求め，それを上の式に代入すると求められます。

```
> #順位の差の2乗を計算
> d2 <-(xr-yr)^2
> d2
 [1]  9 36  0  1 25 49  0  9 36  1
>
> #スピアマンの順位相関係数を求める
> rho <-1-6*sum(d2)/(10* (10^2-1))
> rho
[1] -0.006060606
```

ここまでは，定義に沿って求めましたが，cor()関数で簡単に求められます。「method="spearman"」という引数を加えることによって，計算できます。

```
> cor(d$x,d$y,method="spearman")
[1] -0.006060606
```

先ほどのデータ例でスピアマンの順位相関係数を計算すると，$\rho=-0.006$となり，2つの変数の間には相関はないといえます。このように，外れ値があるときには，ピアソンの相関係数よりもスピアマンの順位相関係数の方が適していることがあります。相関を調べるときにはまず散布図を描いて，外れ値がないかどうかを確認しておきましょう。

相関と因果の違い

2つの変数の相関関係を分析するときに注意が必要なのは，相関関係と因果関係は異なるということです。2つの変数の間に相関関係があっても，因果関係があるとは限りません。例えば，コンビニのおでんの売り上げと，車のスリップ事故の件数に，正の相関があったとします。しかし，おでんとスリップ事故の間に因果関係があるわけではなく，どちらも冬になって気温が下がれば数が増えるというだけのことです。このように，2つの変数の間に因果関係はないのに，第3の変数の影響で関係があるように見えることを，**擬似相関**（spurious correlation）と呼びます。

偏相関係数

2つの変数 x と y があり，その両方に影響を与える第3の変数 z によって，x と y の間に擬似相関があるとします。このような場合に，第3の変数 z の影響を調整した上で，x と y の間の相関を調べることができる指標が，**偏相関係数**（partial correlation coefficient）です。偏相関係数は，以下の式で計算することができます。

$$r_{xy\cdot z}=\frac{r_{xy}-r_{xz}r_{yz}}{\sqrt{1-r_{xz}^2}\sqrt{1-r_{yz}^2}}$$

x, y, z という3つの量的変数がある仮想データを使って，偏相関係数を求めてみましょう。x と y の相関係数を計算すると，$r=0.85$ で，強い正の相関があるように見えます。第3の変数 z で調整したときに，偏相関係数はどうなるか求めてみます。

```
> d
    x  y  z
1  51 54 57
2  72 69 74
3  59 58 59
4  75 72 73
5  47 47 42
6  43 47 47
7  44 40 45
8  63 49 60
9  50 51 49
10 47 56 53

> cor(d$x,d$y)
[1] 0.8511613
```

偏相関係数は，R では，ppcor パッケージの pcor() 関数で求めることができます。3つの変数が含まれているデータフレームをそのまま引数に入れると，偏相関係数が行列形式で出力されます（それ以外にも出力されるものがありますが，ここでは説明を省略します）。

```
> library(ppcor)

> pcor(d)
$estimate
           x           y         z
x  1.00000000 -0.05222256 0.7888477
y -0.05222256  1.00000000 0.5978012
z  0.78884766  0.59780121 1.0000000
 (以下，略)
```

x と y の間の偏相関を見るには，出力の表で，x の行と y の列が交差するところ，つまり，上記の表では1行2列目を見ます。偏相関係数 $r_{xy\cdot z}$ は，-0.05 と出力されています。したがって，第3の変数 z で調整すると，x と y の間には相関はほぼないといえます。

偏相関係数を使えば，第3の変数の影響を調整した上での，2変数間の相関係数を求めることができます。しかし，実際に擬似相関が生じているときに，第3の変数をどのように見つけ出すかという問題があります。先ほどのおでんとスリップ事故のような単純な例であれば，「気温」という第3の変数が容易に見つかります。しかし，実際のデータ分析では，相関と擬似相関を見分けるのが困難な場合もあります。

また，偏相関係数も，あくまでも相関関係の指標であり，因果関係を保証するものではありません。相関係数は，片方が大きくなればもう片方が大きくなったり小さくなったりするという，直線的な関係性の強さを数値的に表す指標にすぎません。因果関係の証拠としては使えないことに注意しましょう。因果関係が示せるかどうかは，研究のデザイン，つまり，どのような方法でデータをとったかによります。

第2章
推測統計の基礎

　第1章では，データを整理・要約する方法について説明しました。実験や調査で得られるデータは，たいていの場合は，大きな母集団の一部（標本）にすぎないことが多いです。本章では，標本から母集団の様子を推測する，推測統計の基礎となる考え方を説明します。推測統計の基盤となる，確率分布，母集団と標本の考え方について説明した後，統計的推定と仮説検定について，基礎から解説します。

2-1　確率分布

　推測統計は，確率の考え方が基盤になっています。そこで本節では，推測統計を学ぶための最初の一歩として，確率分布について説明します。

確率変数と確率分布

　どのような値をとるかが確率によって左右される変数を，**確率変数**（random variable）と呼びます。例えば，サイコロの目や，コインを投げて表が出るか裏が出るかなどは，確率変数です。統計学では，データを確率変数と見なします。実験で得られた測定値や，調査で得られた回答などは，すべて確率変数であると考えます。

　確率変数について，どの値がどのくらいの確率で得られるかを示すものを，**確率分布**（probability distribution）と呼びます。例えば，サイコロを投げたとき，基本的にはどの目も同じ確率（1/6）で出ると考えられます。このように，どの値が得られる確率も等しい確率分布のことを，**一様分布**（uniform distribution）と呼びます。このとき，「サイコロの目は一様分布に従う」と表現します。

　一様分布は，確率分布の中でも最も単純なものですが，その他にも様々な確率分布があります。本節では，代表的なものとして，二項分布と正規分布を紹介しながら，確率分布の考え方について説明していきます。

二項分布

確率変数が飛び飛びの値しかとらない場合，その変数は，**離散的な（discrete）確率変数**と呼ばれます。例として，コインを10回投げて，何回表が出るか数える状況を考えます。コインを10回投げたとき，表が出る回数は，0から10までの整数値をとります。必ず整数になるので，離散的な確率変数といえます。表が出る回数は，どのような確率分布に従うのか考えていきましょう。

コインを投げるという**試行（trial）**を1回行うとき，起こりうる結果は，「表」か「裏」の2通りです。表も裏も基本的には同じ確率で出ると考えられるので，コインを1回投げたときに表が出る確率は，1/2です。また，ある試行は，他の試行には影響を与えないと考えます。このことを，各試行は**独立（independent）**であると表現します。起こりうる結果が2通りに分けられ，各試行が独立である場合，その試行は，**ベルヌーイ試行（Bernoulli trial）**と呼ばれます。

ベルヌーイ試行において，片方の結果を「成功」，もう片方の結果を「失敗」とします。1回の試行で成功する確率をpとし，試行の合計回数をNとします。このとき，N回中k回成功する確率は，以下の式で求めることができます。

$$P(x=k)=\frac{N!}{(N-k)!k!}p^k(1-p)^{N-k}$$

上式のうち，$\frac{N!}{(N-k)!k!}$の部分は，N個のものからk個のものを選び出すときの組み合わせの数です。N回中k回成功する確率が，上式によって求められるとき，成功回数xは，パラメータN, pの**二項分布（binomial distribution）**に従う，と表現します。二項分布は，$Binomial\,(N, p)$のように表記されます。例題のコイン投げの場合は，「表が出る」という事象を「成功」と捉えると，$N = 10$，$p = 1/2$になるので，表が出る回数は，二項分布$Binomial\,(10, 1/2)$に従うことになります。

表が出る回数の具体的な確率，例えば，10回中8回表が出る確率を求めたければ，$N = 10$，$p = 1/2$，$k = 8$を上式に代入すれば求められます。手計算でもできますが，Rには，二項分布の確率を計算する関数dbinom()があります。成功回数の具体的な値，試行回数（N），1試行での成功率（p）を引数に指定して求められます。例えば，10回中8回表が出る確率は，以下のように求められます。

```
> dbinom(8,size=10,p=1/2)
[1] 0.04394531
```

10回中8回表が出る確率は0.044，およそ4.4%と求められます。同様にして，二項分布$Binomial\,(10, 1/2)$におけるすべての場合（$x=0, 1, 2, \cdots, 10$）の確率を求め，棒グラフにしたのが図2-1です。横軸に成功回数，縦軸に確率をとっています。図2-1を見ると，成功回数が5である確率が最も高いこと，分布は左右対称な形をしていることがわかります。

累積分布

二項分布において，成功回数がk以下である確率を求めてみましょう。成功回数がk以

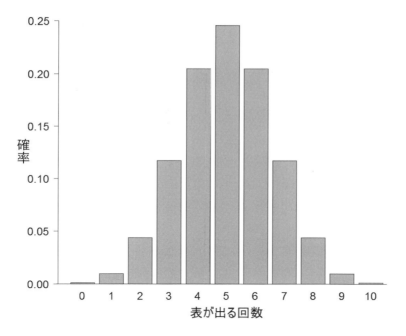

図 2-1　二項分布 *Binomial*(10,1/2)

下である確率は，0 回成功する確率から k 回成功する確率をすべて足し合わせれば求められます。この $P(x \leq k)$ を，関数と見なしたものを，**累積分布関数**（cumulative distribution function）と呼びます。

R では，pbinom()関数を使うと二項分布の累積確率が求められます。例えば，成功回数が 4 回以下である確率は，以下のように求められます。

```
> pbinom(4,size=10,p=1/2)
[1] 0.3769531
```

成功回数が 4 回以下である確率はおよそ 0.38 です。同様にして，成功回数が 4 回以上である確率も求められます。確率は，すべての場合を足し合わせれば 1 になりますから，4 回以上成功する確率は $1 - P(x \leq 3)$ で求められます。

```
> 1-pbinom(3,size=10,p=1/2)
[1] 0.828125
```

確率分布の平均と分散

ここで，確率分布の平均と分散という概念について説明します。平均は，**期待値**（expected value）とも呼ばれ，確率分布の中心を表す指標です。一方，分散は確率分布のばらつきを表す指標です。平均（期待値）と分散は，以下の式で計算することができます。

$$E(x) = \sum xP(x)$$
$$V(x) = \sum \{x - E(x)\}^2 P(x)$$

確率変数の値 x に，x が得られる確率 $P(x)$ をかけ，それをすべて足し合わせたものが平均です。確率変数の値 x と期待値との差を 2 乗したものに $P(x)$ をかけ，それをすべて足し合わせたものが分散です。二項分布の平均と分散は，上式の $P(x)$ に二項分布の式を代入することで求められます。それぞれ，以下のようになります。

$$E(x) = Np$$
$$V(x) = Np(1-p)$$

二項分布 $Binomial\,(10,\,1/2)$ の平均は，上式より $10 \times 1/2 = 5$ と求められます。

離散的な確率分布には，二項分布の他にも様々なものがあります。第 5 章で登場する**ポアソン分布**（Poisson distribution）は，確率変数が負でない整数値で，上限が特にない場合に使われることの多い確率分布です。

連続変数の確率分布

ここからは，**連続**（continuous）**変数**の確率分布を考えてみましょう。連続変数とは，長さや重さのように，値が実数値をとる変数のことです。

離散型変数では，とりうる値の 1 つひとつに確率が割り当てられていました。しかし，連続変数の場合，実数は無数に存在するので，とりうる値の 1 つひとつに確率を割り当てていたら，確率の総和が 1 ではなくなってしまいます。

連続変数の場合，1 つひとつの値に確率を与えるのではなく，区間に確率を与えます。例えば，確率変数 x が a から b の間に入る確率，つまり $P(a \leq x \leq b)$ を，以下のように定義します。

$$P(a \leq x \leq b) = \int_a^b f(x)dx$$

ある関数 $f(x)$ を用意し，$f(x)$ を a から b の間で積分した値が，x が a から b の間に入る確率になるようにしてやります。このとき，$f(x)$ のことを，**確率密度関数**（probability density function）と呼びます。確率なので，すべての範囲で $f(x)$ を積分すると 1 になります。

正規分布

連続型の確率分布にも様々なものがありますが，中でも最も重要性が高いのが，**正規分布**（normal distribution）です。正規分布は，**ガウス分布**（Gaussian distribution）と呼ばれることもあります。正規分布の確率密度関数は，以下の式で表されます。

$$f(x) = \frac{1}{\sqrt{2\pi\sigma^2}} \exp\left\{\frac{-(x-\mu)^2}{2\sigma^2}\right\}$$

上式の中で，π は円周率を表します。$\exp x$ とは，e^x のことで，e は自然対数の底と呼ばれる定数です。上式を確率密度関数にもつ確率分布を，平均 μ，分散 σ^2 の正規分布と呼び，$N(\mu, \sigma^2)$ と表記します。μ と σ は，どちらもギリシャ文字で，μ は「ミュー」，σ は「シグマ」と読みます。正規分布の定義域は，すべての実数（$-\infty < x < \infty$）です。したがって，上記の確率密度関数を，すべての実数の範囲で積分すると，1 になります。

正規分布の確率密度関数をグラフにすると，図 2-2 のようになります。平均 μ のところで山が最も高くなり，山を中心に左右対称のベル型の曲線になります。連続型の確率変

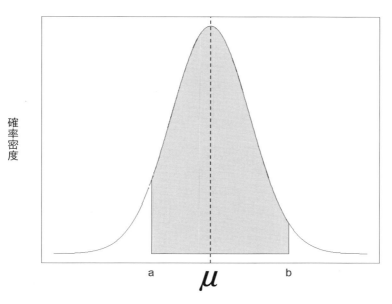

図2-2　正規分布の確率密度関数

数では，確率密度関数を積分することで確率を求めます。積分は，曲線で囲まれた部分の面積を求めることと同じですから，$P(a \leq x \leq b)$は，図2-2の灰色で塗られた部分の面積になります。

連続変数の確率分布においても，累積分布関数や，平均・分散が定義されます。離散変数の確率分布との違いは，和が積分になるところです。

正規分布の場合，累積分布関数は以下の式で表されます。正規分布の定義域はすべての実数なので，負の無限大（$-\infty$）から，k までを積分した値が，$P(x \leq k)$ となります。

$$P(x \leq k) = \int_{-\infty}^{k} f(x)dx$$

平均（期待値）と分散は，以下の式で求められます。正規分布では，平均はμ，分散はσ^2となります。

$$E(x) = \int_{-\infty}^{\infty} xf(x)dx = \mu$$

$$V(x) = \int_{-\infty}^{\infty} \{x - E(x)\}^2 f(x)dx = \sigma^2$$

正規分布を利用した確率計算

平均が0，分散が1^2である正規分布のことを，**標準正規分布**（standard normal distribution）と呼びます。標準正規分布は，図2-3のようになります。

標準正規分布を使って，正規分布の確率計算の練習をしてみましょう。正規分布の累積分布は，Rでは，pnorm()関数で求めることができます。例えば，標準正規分布で$x \leq 0$となる確率は，以下のように求められます。標準正規分布は，0を中心に左右対称ですから，$P(x \leq 0)$はちょうど半分の1/2ということになります。

```
> pnorm(0,mean=0,sd=1)
```

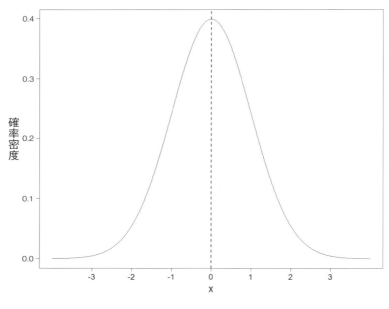

図2-3 標準正規分布

```
[1] 0.5
```

連続変数の確率分布では，1点をとる確率は0になる．つまり，$P(x=a)=0$であることに注意が必要です．連続変数の確率分布では，確率密度関数を積分することで確率を求めます．1点で積分すると0になるので，1点をとる確率は0になるというわけです．

$$P(x=a)=\int_a^a f(x)dx=0$$

したがって，「xがa**以下**である確率」と「xがa**未満**である確率」は区別しません．つまり，$P(x \leq a)=P(x<a)$となります．

$$P(x \leq a)=P(x<a)+P(x=a)=P(x<a)$$

ここで，標準正規分布で$-1 \leq x \leq 1$となる確率を求めてみましょう．$P(-1 \leq x \leq 1)=P(x \leq 1)-P(x \leq -1)$なので，pnorm()関数を使用して以下のように求められます．

```
> pnorm(1,mean=0,sd=1)-pnorm(-1,mean=0,sd=1)
[1] 0.6826895
```

計算結果より，$P(-1 \leq x \leq 1)$はおよそ68.3%です．標準正規分布では，平均が0，分散が1なので，$P(-1 \leq x \leq 1)$とは，xが$\mu \pm \sigma$の範囲に入る確率になります．同じようにして，xが$\mu \pm 2\sigma$の範囲に入る確率，$\mu \pm 3\sigma$の範囲に入る確率も求めてみましょう．

```
> pnorm(2,mean=0,sd=1)-pnorm(-2,mean=0,sd=1)
[1] 0.9544997

> pnorm(3,mean=0,sd=1)-pnorm(-3,mean=0,sd=1)
```

```
[1] 0.9973002
```

計算結果より，$\mu\pm2\sigma$の範囲に入る確率はおよそ95.4%，$\mu\pm3\sigma$の範囲に入る確率はおよそ99.7%です。99.7%というと，ほとんどすべての値が$\mu\pm3\sigma$の範囲に入ることになります。正規分布に従う変数では，ほとんどすべての値が$\mu\pm3\sigma$の範囲に入ります。この範囲のことを，**3シグマ範囲**（three-sigma range）と呼びます。

連続変数の確率分布には，正規分布以外にも様々なものがあります。第5章で登場する**ガンマ分布**（gamma distribution）は，負の値にならない連続変数の確率分布です。

標準化

得点は，絶対値を見るだけでは評価できないことがあります。例えば，テストの点数が50点だったとしても，平均点が30点である場合の50点と，平均点が80点である場合の50点では意味が大きく違います。分布の中での相対的な位置がわかるように得点を変換することを，**標準化**（standardization）と呼びます。得点から平均を引き，標準偏差で割った値は，**z得点**（z-score）と呼ばれます。z得点に変換したデータは，平均が0，分散が1になります。z得点が0ということは，ちょうど平均点であることを意味します。

$$z = \frac{x - \bar{x}}{s}$$

標準化得点の一種に，受験でよく使われる偏差値があります。偏差値は，平均が50，分散が10^2（標準偏差が10）になるように標準化された得点です。T得点とも呼ばれ，以下の式で計算されます。

$$T = \frac{10(x - \bar{x})}{s} + 50$$

テストの得点が正規分布していると仮定すると，偏差値は，正規分布$N(50, 10^2)$に従うことになります。したがって，95.4%の人が偏差値50 ± 20，つまり30から70の範囲にいることになります（ただし，あくまでも，テストの得点が正規分布に従っていると仮定した場合の話です）。

2-2 母集団と標本

母集団と標本の考え方は，推測統計の根幹に関わるところです。母集団のすべてからデータをとることが不可能なために，推測統計が必要になります。本節では，標本から母集団についての推測を行うために基本となる考え方を説明します。

母集団と標本

研究の対象となる集団全体のことを，**母集団**（population）と呼びます。例えば，日本の大学生の意識調査をしたいと思ったら，母集団は日本の大学生全員ということになります。母集団の成員すべてからデータをとることを，**全数調査**（census）と呼びます。

全数調査は，現実的には不可能な場合が多いです。先ほどの例で，日本の大学生全員からデータをとろうと思ったら，莫大な時間と費用がかかります。そのため，実際には母集団の中からある程度の人数の小集団を抜き出してきて，そこからデータをとります。母集

団から抜き出してくる小集団のことを，**標本**（sample）と呼びます．標本からデータをとることを，**標本調査**（sample survey）と呼びます．研究者や学生が実施する研究のほとんどは，標本調査です．標本に含まれる測定値の数のことを，**サンプルサイズ**（sample size），あるいは**標本の大きさ**と呼びます．サンプルサイズは，アルファベットの n で表記されるのが一般的です．

研究で本来知りたいのは母集団の情報ですが，実際にデータとして得られるのは標本の情報です．標本はあくまでも母集団の一部にすぎません．そこで，一部（標本）の情報から，全体（母集団）の情報を推測する必要があります．標本の情報から母集団の情報を推測することを，**統計的推定**（statistical estimation）と呼びます．

分布の特徴を示す値のことを，**統計量**（statistics）と呼びます．例えば，平均値，分散，標準偏差などは統計量です．母集団の統計量のことを，**母数**（parameter）と呼びます．母集団の平均値は母平均，母集団の分散は母分散といったように，名前の前に「母」をつけて表現します．標本の平均や分散は，**標本統計量**（sample statistics）と呼ばれます．標本統計量から母数を推定するのが，統計的推定です．

標本抽出

母集団から標本を取り出すことを，**標本抽出**（sampling）と呼びます．統計的推定を行う際には，どのように標本を抽出するかが重要になってきます．標本抽出のやり方が偏っていると，母集団について誤った推測をしてしまう危険性があります．偏りのない標本を得るためには，母集団に含まれるどの値も等しい確率で選ばれるような方法で，標本を抽出する必要があります．この抽出の方法を，**単純無作為抽出**（random sampling）と呼びます．推測統計の手法の多くは，標本が無作為抽出されたものであることを前提に作られています．

ただし，実際の研究において完全な無作為抽出を行うのは，時間や費用を考えると不可能な場合が多いです．この問題を解決するのは難しいですが，データを集める際にはできる限り偏りが生じないような工夫をすること，考察をする際には自分の集めたデータからはどのくらいの範囲まで議論を広げられるかをよく考えることが必要でしょう．本書ではとりあえず，標本は無作為抽出されたものであることを前提に話を進めていきます．

2-3 点推定

本節では，主に母平均の推定を例に，統計的推定の考え方と手順を説明します．

母平均の推定

統計的推定では，標本統計量から母数を推定します．母数の中でも，とりわけ推定の対象になることが多いのが，母集団の平均，すなわち母平均です．ここでは，標本から母平均を推定する方法を説明します．

母集団から標本を抽出するとどのようになるのか，Rを使ったシミュレーションをやってみましょう．平均と分散がすでにわかっている母集団から，標本を無作為抽出するとします．ここでは例として，平均が50，分散が 10^2 の正規分布をしている母集団から標本を

抽出したときに，標本平均はどうなるかを考えてみましょう。サンプルサイズは，10 とします。

Rには，任意の正規分布に従う乱数（ランダムな数）を生成する関数 rnorm() があります。この関数を使うと，正規分布している母集団から標本を抽出したときに，どういうことが起こるのかをコンピュータ上で再現することができます。以下のようなコマンドで，乱数を発生させてみます。

```
> sample <-rnorm(n=10,mean=50,sd=10)
```

上記のコマンドは，平均が 50，分散が 10^2（標準偏差が 10）の正規分布から，10 個の乱数を生成するという意味です。母集団から，サンプルサイズが 10 の標本を無作為抽出していることに相当します。コマンドを実行した後で，「sample」を呼び出すと，10 個の値が表示されます。

```
> sample
 [1] 36.87925 51.62342 51.76171 46.94386 66.66439 56.12484 50.68158 46.61683
 [9] 54.66335 41.89713
```

生成された 10 個の値の平均が，標本平均ということになります。この場合の標本平均は，mean() 関数で計算すると，50.4 となります。

```
> mean(sample)
 [1] 50.38564
```

rnorm() 関数は乱数を生成するので，まったく同じコマンドを実行しても結果は毎回変わります。もう一度同じ標本抽出をして，標本平均を計算してみましょう。

```
> sample2 <-rnorm(n=10,mean=50,sd=10)

> mean(sample2)
 [1] 53.47284
```

コマンドは 1 回目とまったく同じですが，結果は異なります。2 回目の標本抽出では，標本平均は 53.5 となりました。1 回目も 2 回目も，標本平均の値は，母平均の値 50 とは一致していません。しかし，一致はしないものの，それほど大きく 50 から外れた値ではありません。では，同じことをもっとたくさん繰り返すとどうなるでしょうか。

先ほどと同じ標本抽出を，10 万回繰り返してみましょう。手作業で 10 万回やるわけにはいかないので，同じ処理を何回も繰り返すコードを書きます。以下のようなコードを書きます。

```
> # 結果を格納するベクトルを用意
> xbar <-numeric(100000)

> #10万回のシミュレーションを行う
```

```
> for(i in 1:100000){
+
+ # 標本抽出
+ sample <-rnorm(n=10,mean=50,sd=10)
+
+ # 標本平均を xbar の i 番目に格納
+ xbar[i]<-mean(sample)
+
+ }

> # 結果を要約し，ヒストグラムを描く
> summary(xbar)
> hist(xbar)
```

シミュレーションを10万回行うと，10万個の標本平均が結果として出てきます。なので，まずは，その結果を格納するためのベクトルxbar（10万個の数値を入れる入れ物と考えてください）を用意しておきます（ベクトルについては，第3章で説明します）。

次に，for文と呼ばれる構文を使って，同じ処理を10万回繰り返すコードを書きます。for()の中のiは，ループ変数と呼ばれる変数です。for(i in 1:100000){}というのは，ループ変数を1から100000まで変化させて，{}内の処理を繰り返し行うという意味です。標本の抽出を行い，標本平均をxbarのi番目に格納するという処理を10万回繰り返すということになります。

10万回のシミュレーションが終わったら，結果を要約し，ヒストグラムを描きます。上記コードを実行すると，以下のような結果になります。

```
> # 結果を要約し，ヒストグラムを描く
> summary(xbar)
  Min. 1st Qu. Median   Mean 3rd Qu.   Max.
 36.02   47.86  50.01  50.00   52.13  64.51
> hist(xbar)
```

10万個の標本平均の平均値は，ほぼ50に一致しています。ヒストグラム（図2-4）を見ると，中には40以下や60以上といったような，50から大きく外れた値になることもありますが，大きく外れることは回数としてはとても少なく，たいていの場合は50に近い値になっています。これより，無作為抽出を行えば，標本平均は母平均に近い値になるということがわかります。

標準誤差

標本平均は，ある程度はズレるものの，母平均に近い値になることがわかりました。では，どの程度ズレるのでしょうか。先ほどのシミュレーションで得られた標本平均のばらつき，つまり標準偏差を計算してみます。

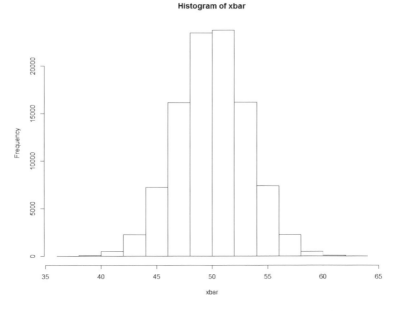

図 2-4　標本抽出を 10 万回繰り返したときの標本平均の分布

```
> sd(xbar)
[1] 3.17494
```

　標本平均の標準偏差は，3.17 となりました。今回のシミュレーションと同じ条件で標本抽出を行う場合，標本平均には，これくらいのバラつきが生じる可能性があるということになります。標本統計量の標準偏差のことを，**標準誤差（standard error）** と呼びます。標準誤差は，英語の頭文字をとって，**SE** と表記されることが多いです。

サンプルサイズの影響

　先ほどのシミュレーションでは，サンプルサイズは 10 でしたが，サンプルサイズを大きくするとどうなるでしょうか。サンプルサイズを 50 に増やして，同じシミュレーションをやってみます。

```
> # 結果を格納するベクトルを用意
> xbar <-numeric(100000)

> #10 万回のシミュレーションを行う
> for(i in 1:100000){
+
+ # 標本抽出
+ sample <-rnorm(n=50,mean=50,sd=10)
+
+ # 標本平均を xbar の i 番目に格納
```

```
+ xbar[i]<-mean(sample)
+
+ }
```

サンプルサイズを大きくした以外は，先ほどとまったく同じコードです．実行すると，以下のようになります．

```
> # 結果を要約し，ヒストグラムを描く
> summary(xbar)
  Min. 1st Qu. Median   Mean 3rd Qu.   Max.
 44.27  49.06  50.00  50.01  50.97  56.31
> hist(xbar)

> # 標準誤差を計算
> sd(xbar)
[1] 1.417491
```

今回も，標本平均の平均値は，ほぼ50に一致しました．標準誤差は1.41で，サンプルサイズが10のときよりも小さくなっています．さらにサンプルサイズを大きく，100にして，同じシミュレーションをしてみます．

```
> # 結果を要約し，ヒストグラムを描く
> summary(xbar)
  Min. 1st Qu. Median   Mean 3rd Qu.   Max.
 45.91  49.33  50.00  50.00  50.67  54.24
> hist(xbar)

> # 標準誤差を計算
> sd(xbar)
[1] 0.9980814
```

コードは省略しますが，サンプルサイズを100にして同じシミュレーションを行うと，標準誤差はおよそ1.00と，さらに小さくなりました．これらの結果より，サンプルサイズが大きくなるにつれて，標準誤差は小さくなることがわかります．標準誤差が小さくなるということは，母平均からのズレがより小さくなるということです．サンプルサイズが大きくなるにつれて，標本統計量と母数との誤差は小さくなっていきます．この性質のことを，**大数の法則**（law of large numbers）と呼びます．

中心極限定理

先ほどのシミュレーションの結果のヒストグラム（図2-4）を，もう一度見てみましょう．標本平均の分布は，50を中心にほぼ左右対称の形になっています．平均を中心に左右対称になる分布といえば，正規分布ですが，実は，標本平均の分布は正規分布になるこ

とがわかっています。

　平均がμ，分散がσ^2の母集団から，サイズがnの標本を取り出すとき，標本平均の分布は，nが大きくなるにつれて，平均がμ，分散がσ^2/nの正規分布に近づきます。このことは，数学的にも証明することができ，**中心極限定理**（central limit theorem）と呼ばれます。ちなみに，今回は正規分布する母集団でシミュレーションを行いましたが，母集団が正規分布でなくても，中心極限定理は成り立つことが知られています。

　標本平均の期待値は母平均と一致するので，母平均を推定したいときは，標本平均を計算すればよいということになります。ただし，標本平均は，母平均からある程度はズレるので，どの程度ズレる可能性があるかの指標（推定の精度）として，標準誤差を示します。標準誤差（SE）は，サンプルサイズがある程度大きいときは，標本の標準偏差をサンプルサイズの正の平方根で割ることで推定できます。

$$SE = \frac{SD}{\sqrt{n}}$$

不偏推定量

　標本平均の分布の平均値（期待値）は，母平均になります。このように，期待値が母数と一致する推定量のことを，**不偏推定量**（unbiased estimator）と呼びます。標本平均は，母平均の不偏推定量であるということになります。

$$E(\overline{x}) = \mu$$

母分散の推定

　次に，母集団の分散，つまり母分散を推定する方法を説明します。母分散を推定するときには，以下の式で計算される**不偏分散**（unbiased variance）を推定値として使用します。

$$s^2 = \frac{1}{n-1}\sum(x-\overline{x})^2$$

　不偏分散は，第1章でも登場しましたが，測定値と平均との差（偏差）を2乗したものを足し合わせ，それを$n-1$で割ったものです。分散には，偏差の2乗和をnで割ったものもありますが，実は，nで割る分散の期待値は，母分散と一致しません。詳しい証明は省略しますが，nで割る分散の期待値は以下のようになり，母分散よりもやや小さくなります。

$$E(V) = E\left(\frac{1}{n}\sum(x-\overline{x})^2\right) = \frac{n-1}{n}\sigma^2$$

　nで割る分散の期待値は母分散と一致しないので，nで割る分散は母分散の不偏推定量ではありません。そこで，nで割る分散に$n/(n-1)$をかけてやると，その期待値は母分散と一致します。nで割る分散に$n/(n-1)$をかけたものというのは，偏差の2乗和を$n-1$で割ったもの，すなわち不偏分散です。母分散を推定する際には，nで割る分散よりも，不偏分散の方が，推定量として適しているということになります。

$$E(s^2) = E\left(\frac{n}{n-1}V\right) = \sigma^2$$

実際のデータ分析では，nで割る分散よりも，不偏分散を使うことの方が多いと第1章で説明しました。データというのは，ほとんどの場合は標本であり，標本から母分散を推定するには不偏分散の方が適しているから，というのがその理由です。

2-4 区間推定

前節では，母数の値を推定する方法を説明しました。推定をするときには，値を求めるやり方の他に，ある程度の幅をもたせて推定するやり方もあります。本節では，そのような区間推定について説明します。

区間推定

母数を推定するときに，「母平均の値は○と推定される」のように，1つの値をもって母数の推定値とするやり方を**点推定**（point estimation）と呼びます。母平均を推定するために標本平均を求めたり，母分散を推定するために不偏分散を求めたりするのは，点推定です。

推定をするときには，「母平均の値は○〜△の間にあると推定される」のように，ある程度の幅をもたせて推定することもあります。この方法を**区間推定**（interval estimation）と呼びます。

母平均の区間推定

ここでは，母平均の区間推定を行う方法について説明します。中心極限定理より，標本平均は平均がμ，分散がσ^2/nの正規分布に従います。したがって，以下のように，標本平均を標準化した値は，標準正規分布に従います。

$$z = \frac{\bar{x} - \mu}{\sigma/\sqrt{n}}$$

標準正規分布に従う変数では，値が-2から2の間に入る確率がおよそ0.9545になります。したがって，上記のzの値も-2から2の間に入る確率がおよそ95.5%になります。

$$P\left(-2 \leq \frac{\bar{x} - \mu}{\sigma/\sqrt{n}} \leq 2\right) = 0.9545$$

上式を以下のように式変形します。

$$P\left(-\frac{2\sigma}{\sqrt{n}} \leq \bar{x} - \mu \leq \frac{2\sigma}{\sqrt{n}}\right) = 0.9545$$

$$P\left(\bar{x} - \frac{2\sigma}{\sqrt{n}} \leq \mu \leq \bar{x} + \frac{2\sigma}{\sqrt{n}}\right) = 0.9545$$

最後の式は，$\bar{x} \pm \frac{2\sigma}{\sqrt{n}}$の区間が，母平均$\mu$を含んでいる確率が，およそ$95.5\%$であるという意味です。ここで変化するのは，母平均$\mu$ではなく，区間の方であることに注意しましょう。母平均は定数で，変化しません。一方，標本平均の値は標本抽出をするたびに変化しますから，$\bar{x} \pm \frac{2\sigma}{\sqrt{n}}$の区間は標本抽出をするたびに毎回変わります。ただし，毎回変

わりはするけれども，100回中95.5回くらいは母平均μを含んでいる，という意味です。

95%信頼区間

母数を含む確率が$1-\alpha$になる区間のことを，母数の$100(1-\alpha)$% **信頼区間**（confidence interval）と呼びます。$1-\alpha$は，**信頼係数**（confidence coefficient）と呼ばれます。先ほど求めた区間$\bar{x} \pm \frac{2\sigma}{\sqrt{n}}$は，母平均の95.5%信頼区間ということになります。

実際に推定をするときには，キリがよく，じゅうぶんに大きいといえる数字ということで，**95%信頼区間**が用いられることが多いです。母平均の95%信頼区間は，以下のようになります。

$$\left[\bar{x} - \frac{1.96\sigma}{\sqrt{n}}, \bar{x} + \frac{1.96\sigma}{\sqrt{n}}\right]$$

信頼区間を表記するときには，角括弧[ ]が用いられます。1.96という数字は，標準正規分布に従う変数では，-1.96と1.96の間に入る確率が，ほぼ95%であるところからきています。

t分布

母平均の95%信頼区間は，$\left[\bar{x} - \frac{1.96\sigma}{\sqrt{n}}, \bar{x} + \frac{1.96\sigma}{\sqrt{n}}\right]$になります。しかし，実は，実際に得られたデータから信頼区間を求めるのに，この式は使えません。なぜなら，上式には，母集団の標準偏差であるσが含まれているからです。実際のデータ分析で，母集団の標準偏差がわかっていることはまずありません。このままでは，信頼区間を求めることはできません。そこで，先ほど計算したzの中で，母集団の標準偏差σを，標本の標準偏差sに置き換えてやります。

$$t = \frac{\bar{x} - \mu}{s/\sqrt{n}}$$

問題は，この値がどのような確率分布に従うのかということです。この値は，母標準偏差σを標本標準偏差sに置き換えているので，標準正規分布には従いません。しかし，どのような確率分布に従うのかはわかっています。上記の値tは，**ステューデントのt分布**（Student's t-distribution）と呼ばれる確率分布に従います。

ステューデントのt分布の確率密度関数を示したのが，図2-5です。t分布は標準正規分布と同じように，0を中心に左右対称の形になります。また，t分布は$n-1$の大きさによって形が変わります（$n \geq 2$）。$n-1$のことを，t分布の**自由度**（degree of freedom）と呼びます。図2-5には自由度が1の場合，10の場合，100の場合のt分布をそれぞれ示しています。t分布は，自由度が大きくなるにつれて標準正規分布に近づくことがわかっています。そのため，自由度がある程度大きくなると，標準正規分布とほとんど見分けがつかなくなります。

t分布を利用して母平均の信頼区間を求める

t分布を利用して母平均の95%信頼区間を求めてみましょう。t分布は，0を中心に左

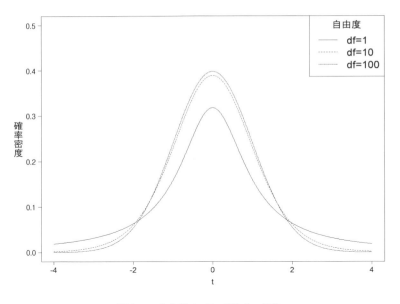

図 2-5　自由度 1, 10, 100 の t 分布

右対称の形をしています。そのため，分布の両裾から 2.5% ずつを取り除くと，残った領域が全体の 95% ということになります（図 2-6）。残った領域の左端は累積確率が 0.025 となる点，右端は累積確率が 0.975 となる点です。t 分布は，0 を中心に左右対称なので，これら 2 つの点の絶対値は等しくなります。t 分布を利用すると，母平均の 95% 信頼区間は以下のようになります。

$$\left[\bar{x} - \frac{t_{0.975} \times s}{\sqrt{n}}, \bar{x} + \frac{t_{0.975} \times s}{\sqrt{n}}\right]$$

例題で，計算の練習をしてみましょう。サイズが 100 の標本で，あるテストの得点を計測したところ，標本平均は 55，標本の標準偏差は 15 であったとします。このとき，母平均の 95% 信頼区間は，以下のように求めることができます。

```
> n <-100
> xbar <-55
> s <-15

> t975 <-qt(0.975,df=n-1)

> L <-xbar-t975*s/sqrt(n)
> L
[1] 52.02367

> U <-xbar + t975*s/sqrt(n)
> U
[1] 57.97633
```

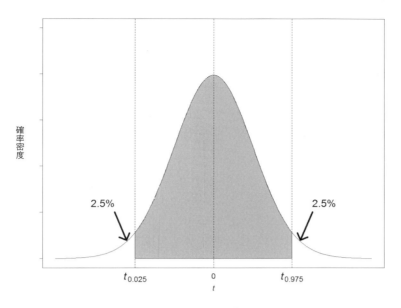

図 2-6　t 分布の両裾から 2.5% ずつ取り除いた領域

信頼区間を求めるためには，t 分布で累積確率が 0.975 になる点を求める必要があります。これは，R では，qt() という関数で求めることができます。今回は，自由度が 100−1＝99 の t 分布を使用します。計算結果より，母平均の 95% 信頼区間は，[52.02, 57.98] と求めることができます。

信頼区間の解釈

データから計算された信頼区間は，数多くある信頼区間のうちの 1 つにすぎません。したがって，先ほどの例題で求めた，[52.02, 57.98] という区間が，95% の確率で母平均を含むというわけではないので注意しましょう。

データから計算された信頼区間が示すものは，推定の精度です。信頼区間が広ければ，その推定は精度が低いということになります。推定するときに区間をとても広くとってやれば，その区間が母平均を含む確率は高くできます。しかし，それはあまり良い推定とはいえません。例えば，「日本人男性の平均身長はどれくらい？」と聞かれて，「100〜200cm の間かな」と答えるようなものです。当たっている可能性は高くても，あまり有益な情報は与えてくれない推定ということになります。また，信頼区間の広さは，サンプルサイズとも関連しています。一般的に，サンプルサイズが大きくなればなるほど，信頼区間は狭くなります。逆にいえば，信頼できる推定をするためには，ある程度大きなサンプルサイズが必要になるということです。

エラーバー

学術論文で，平均値などを棒グラフで示すとき，棒からヒゲのような線がのびていることがあります（図 2-7）。これは，**エラーバー**（error bar）と呼ばれるものです。エラーバーは何を意味しているのでしょうか？　実は，エラーバーの意味するものは，図を見ただけではわかりません。エラーバーには，目的に応じて 2 つの使い方があります。

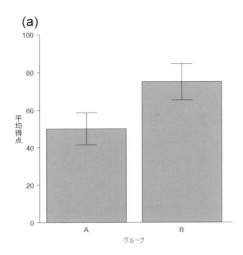

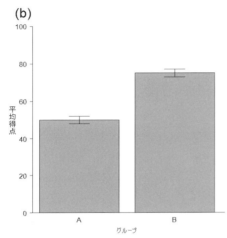

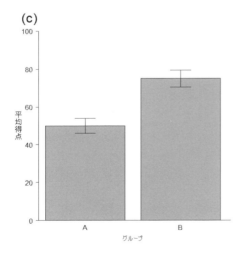

図 2-7　グループ A, B の平均値
(a) は標準偏差, (b) は標準誤差, (c) は 95％信頼区間を, エラーバーとして示した.

表 2-1　グループ A, B の平均値と標準偏差

	平均値	標準偏差
グループ A	50.0	8.5
グループ B	75.0	9.5

両グループとも, $n = 20$。

　エラーバーの1つの使い方は, データのバラつきを示すのに使う, というものです。その場合は, 標準偏差 (SD) をエラーバーにします。平均値から, ± SD の分だけ, エラーバーを描きます。

　もう1つの使い方は, 母平均の推定値としての標本平均を表す場合に, その推定の精度を示すのに使う, というものです。その場合は, 標準誤差 (SE) か 95％信頼区間をエラーバーにします。標準誤差の場合は, 平均値から ± SE の分だけエラーバーを描きます。95％信頼区間の場合は, 信頼区間の下限から上限までを示します。

　同じデータであっても, エラーバーをどのように示すかには複数の選択肢があります。例えば, 表 2-1 のような, 2つのグループに関するデータがあったとします。表 2-1 のデータに, 3通りのエラーバーをつけて棒グラフにしたのが, 図 2-7 です。

　図 2-7 では, 標準偏差, 標準誤差, 95％信頼区間をそれぞれエラーバーとして示しました。何をエラーバーにするかによって, 図の印象も変わってくることがわかります。論文で平均値の棒グラフを示すときには, 標準誤差か 95％信頼区間をエラーバーに示すことが多いです。その理由は, ほとんどの研究は, 標本調査であるからです。標本調査の場合, 標本平均を計算して示すという行為自体が, 母平均の推定をしていることになります。そのため, 推定の精度を示す必要があります。したがって, 標準誤差あるいは 95％信頼区間を示すことになります。

　エラーバーは, 見た目だけではそれが何

を示しているかはわかりません。したがって，図にエラーバーを入れる際には，それが何の値を示しているのかを，キャプションで説明するのを忘れないようにしましょう。

2-5 仮説検定

本章の最後に，統計的仮説検定について解説します。統計的仮説検定は，データ分析で広く使われているものですが，その使い方には注意が必要な部分が多いです。検定の正しい意味と，その限界を理解して使えるようになりましょう。

t 分布の別の使い方

前節では，母集団の分散がわからないときに，t 分布を標準正規分布の代用として，区間推定ができることを説明しました。t 分布は，別の目的で使うこともできます。

例えば，「母平均の値は○である」のような，母平均に関する仮説があったとします。しかし，データから標本平均を計算したら，仮説上の母平均の値とはだいぶ外れた値になったとします。無作為抽出で得られた標本の平均が，母平均から大きく外れた値をとるのは，確率的には非常に珍しいことです。それがどのくらい珍しいことであるかは，t 分布を利用して評価することができます。t 分布は，0 を中心に左右対称の形をしています。したがって，データから求めた t の絶対値が大きければ，それは珍しいことであるといえます。

ここで，また例題をやってみましょう。前節で信頼区間を求めたときと同じ状況（サンプルサイズは 100，標本平均は 55，標本標準偏差は 15）のもとで，「母平均は 50 である」という仮説を検定してみます。標本平均は，仮説上の母平均の値よりも大きくなっていることに着目します。まず，標本平均，標準偏差，サンプルサイズ，仮説上の母平均の値から，t 値を計算します。

```
> n <-100
> xbar <-55
> s <-15

> mu <-50

> tvalue <-(xbar-mu)/(s/sqrt(n))
> tvalue
[1] 3.333333
```

t 値は，3.33 と求められました。t 分布の形から考えると，珍しい値といえます。どのくらい珍しいかを，確率で求めてみます。自由度が 99 の t 分布で，t が 3.33 より大きくなる確率を計算します。R では，t 分布の累積確率を計算する関数 pt() を使うと計算できます。

```
> pt(tvalue,df=n-1,lower.tail=F)
```

```
[1] 0.0006040021
```

「lower.tail=F」という指定は，t がある値よりも大きくなる確率 $P(t>k)$ を求める，という意味です。この指定を入れないと，t がある値以下になる確率 $P(t \leq k)$ が求められます。

自由度 99 の t 分布で，t が 3.33 より大きくなる確率は，0.0006，つまり，0.06% です。これは，確率的にはかなり珍しいことといえます。このような場合，統計学では，非常に珍しいことが起こったと考えるのではなく，前提条件が間違っていると考えます。つまり，当初の母平均に関する仮説が間違っていると判断します。したがって，「母平均は 50 である」という仮説は間違いであると判断します。

このように，あらかじめどのような確率分布に従うかがわかっている統計量をデータから計算し，得られた値の珍しさに応じて，仮説を捨てるかどうかを判断することを，**統計的仮説検定**（statistical hypothesis test）と呼びます。t 値を用いて，1 つの標本の母平均に関する仮説を検定することは，**1 サンプルの t 検定**（ワン-サンプルの t 検定 one-sample t-test）と呼ばれます。

統計的仮説検定の流れ

統計的仮説検定（本書では以下，単に「検定」と呼びます）の流れを整理します。検定ではまず，母数に関する 2 つの仮説を立てます。片方を**帰無仮説**（null hypothesis），もう片方を**対立仮説**（alternative hypothesis）と呼びます。対立仮説は，「対立」という名前の通り，帰無仮説を否定する仮説になります。一般的には，分析者が否定したい仮説を帰無仮説にすることが多いです。通常は，データから「差がある」ということを主張するために，「差がない」というのを帰無仮説，「差がある」というのを対立仮説にします。

帰無仮説と対立仮説を立てたら，「帰無仮説が正しい」という前提のもとで，**検定統計量**（test statistic）と呼ばれる値を計算します。検定統計量は，データから計算できる値で，前述の t 値のように，どのような確率分布に従うかがわかっている値を用います。

検定統計量を求めたら，得られた値がどのくらい珍しいものであるかを，確率分布から評価します。検定統計量の「珍しさ」の指標となる値が，**p 値**（p-value）です。p 値は，帰無仮説が正しいという前提のもとで，検定統計量が，データから得られた値よりも極端な値をとる確率です。得られた値が非常に珍しい場合，つまり p 値が非常に小さい場合に，帰無仮説は間違っていると見なし，対立仮説が正しいと結論づけます。このことを，**帰無仮説を棄却する**（reject），と表現します。

有意水準と棄却域

検定統計量が非常に珍しい値をとったときに帰無仮説を棄却する，と説明しましたが，どのくらい珍しければ棄却するかの基準のことを，**有意水準**（significance level）と呼びます。有意水準をどれくらいに設定するかは，分析者が決めてよいものです。しかし，基準が色々あっても困るので，通常は，5% に設定されることが多いです。つまり，p 値が 0.05 よりも小さいときに，帰無仮説は棄却されます。この 5% という数字は，特に理論的な意味はない恣意的なものですが，広く使われている基準です。分野によっては，1%（0.01）に設定されることもあります。

検定統計量の分布はあらかじめ決まっていますから，有意水準を決めれば，検定統計量がどれくらいの値になれば帰無仮説が棄却されるかがわかります。検定統計量の分布の中で，p 値が有意水準よりも小さくなる領域のことを**棄却域**（rejection region）と呼びます。検定統計量の値が棄却域に入ったときに，帰無仮説が棄却されると考えることもできます。

両側検定と片側検定

帰無仮説に対して，対立仮説の立て方が 2 通りある場合があります。例えば，先ほどの例題の，「母平均が 50 である」という帰無仮説には，2 通りの対立仮説を立てることができます。

1 つは，「母平均は 50 よりも大きい（あるいは小さい）」という対立仮説です。このように，母数の値について方向性をもった対立仮説を立てている場合，その検定は，**片側検定**（one-sided test）と呼ばれます。

もう 1 つは，「母平均は 50 ではない」という対立仮説です。これは，母数の値の方向性については考慮していない対立仮説になっています。このような場合は，**両側検定**（two-sided test）と呼ばれます。

片側検定の場合，検定統計量の分布の片側に棄却域を設けます。有意水準を 5% にするのであれば，棄却域は t 分布の片裾 5% 分になります。「母平均が○より大きい」が対立仮説である場合は右裾，「母平均が○より小さい」が対立仮説である場合は左裾に棄却域を設けます（図 2-8）。p 値は，データから求めた t 値を t_0 とすると，棄却域が右側にある場合は $P(t \geq t_0)$，棄却域が左側にある場合は $P(t \leq t_0)$ になります。

両側検定の場合は，検定統計量の分布の両側に棄却域を設けます。有意水準を 5% とするときの棄却域は，分布の両裾それぞれ 2.5% 分（両裾を足して 5%）になります（図 2-9）。p 値は，$P(|t| \geq |t_0|)$ になります。

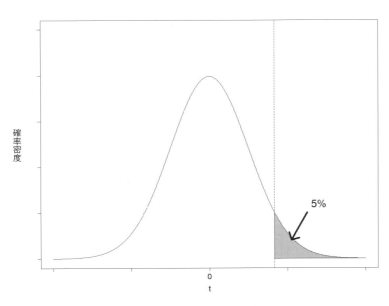

図 2-8　片側検定の棄却域

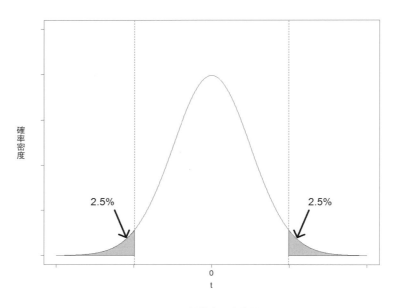

図 2-9　両側検定の棄却域

　片側検定と両側検定のどちらを使うかは，データをとる前の仮説によって決まります．データをとる前に方向性のある仮説を立てているのであれば片側検定，そうでなければ両側検定を行います．

　両側検定の p 値は，定義上，片側検定の p 値よりも必ず大きくなります．したがって，両側検定では帰無仮説が棄却されないけれども，片側検定では棄却される，ということも起こりえます．しかし，どちらを使うかは，あくまでもデータをとる前の仮説によって決定されるものです．データによって片側か両側かを選ぶのは，公平性に欠けるので避けるべきです．

検定の問題点

　検定は，データ分析において非常によく使われます．何らかのデータ分析を伴う学術論文には，ほぼ確実といっても過言ではないくらい登場します．しかし，検定には様々な問題点があることが指摘されています．本章では，2つの問題点を取り上げて説明します．

p 値が有意水準より大きくなったときの解釈

　1つ目の問題点は，p 値が有意水準よりも大きくなったときの結果の解釈の仕方です．p 値が有意水準よりも大きくなった場合は，帰無仮説を棄却することはできません．しかし，帰無仮説が正しいと主張することもできない，ということに注意が必要です．

　検定で帰無仮説を棄却するかどうか判断をする際には，2種類の誤りが起きる可能性があります．1つは，本当は帰無仮説が正しいのに棄却してしまう誤り，つまり，本当は差がないのに差があるとしてしまう誤りです．これを，**第一種の誤り**（type I error）と呼びます．

　もう1つ可能性のある誤りは，本当は帰無仮説が正しくないのに採用してしまう誤り，つまり本当は差があるのに差がないとしてしまう誤りです．これを，**第二種の誤り**（type

II error）と呼びます。

　第一種の誤りをおかす確率のことを，**危険率**と呼びます。有意水準を 5% に設定することは，危険率を 5% 未満に抑えることに相当します。p 値をもとに帰無仮説を棄却するかどうかを判断する場合，危険率だけを考慮していて，第二種の誤りの確率については考慮していません。そのため，p 値が有意水準よりも大きくなった場合は，帰無仮説を棄却することはできませんが，帰無仮説が正しいと主張することもできません。そのため，差があるとはいえないけれども，差がないと積極的に主張することもできない，という困った状況になります。

サンプルサイズの問題

　2 つ目の問題点として，検定の結果は，サンプルサイズによって変化するということが挙げられます。サンプルサイズが大きくなると，検定統計量は，極端な値をとりやすくなります。つまり，同じ程度の差であれば，サンプルサイズが大きいときの方が，帰無仮説を棄却しやすくなるということです。実質的には大した差がなくても，サンプルサイズを大きくしていけば，どこかで検定統計量が棄却域に入ってしまうことになります。

　「差がない」という帰無仮説が検定で棄却された場合，**統計的に有意な差**（statistically significant difference）が得られたと表現します。しかし，統計的有意差は，必ずしも実質的に意味のある差というわけではありません。どのくらいの差が得られれば実質的に意味のある差といえるかは，何を研究対象としていて，何を測定しているかによって変わってきます。実質的な差の大きさのことを，**効果量**（effect size）と呼びます。データ分析では，p 値の小ささよりも，効果量の大きさの方が重要です。

検定の本来の意味

　上に挙げた 2 つの問題点は，t 検定のみならず，すべての検定が抱える問題です。ここまで説明すると，検定は問題だらけで役に立たない，意味のないもののように思えてしまうかもしれません。しかし，検定とは本来，**大きな差が得られたときに，それが偶然ではないと主張するための道具**です。標本平均は母平均からズレることもありますから，たまたま大きな差が生じることもあるかもしれません。得られた差は，偶然生じたものとは考えにくいということを，確率にもとづいて主張するための道具が検定です。したがって，実質的に意味のある大きな差が得られていることを前提に行われるものです。**差の大小を評価する道具ではありません**ので，注意しましょう。検定で見ているものは，「差があるか」ではなく，「このサンプルサイズで結論を下してもよいか」であるといえるかもしれません。

　実質的に意味のある差が得られていない場合は，そもそも検定をする意味がありません。むしろ，意味のない差を，サンプルサイズの力で，「統計的に意味のある差」に仕立て上げてしまう危険すらあります。

本書で扱う検定

　本節では，1 つの標本の母平均に関する仮説の検定として，1 サンプルの t 検定を紹介しました。検定には，この他にも様々なものがあります。しかし，本書では，様々な検定

を1つひとつ解説することはしません。

本書では，様々な検定手法を1つひとつ解説する代わりに，統計モデリングの考え方を解説します。検定は，モデルをもとに母集団に関する推測をするための手段の1つと捉えます。このような考え方を身につけておけば，たくさんの種類の検定を覚える必要はなくなります。

カイ2乗分布

本書でこの先紹介する検定で利用される確率分布を，2つほど紹介します。1つは，**カイ2乗分布**（chi-squared distribution）です。カイとは，ギリシャ文字のχのことで，カイ2乗は，χ^2と表記されます。

$$\chi^2 = z_1^2 + z_2^2 + \cdots + z_n^2$$

カイ2乗分布は，標準正規分布に従う変数を2乗して足し合わせた値が従う確率分布です。足し合わせる値の個数が，カイ2乗分布の自由度になります。確率密度関数は，図2-10のようになり，自由度に応じて様々な形をとります。

カイ2乗値は計算するときに2乗するので，負の値にはなりません。カイ2乗分布は，第5章以降に登場する，ワルド検定や，尤度比検定などに利用されます。

F分布

カイ2乗分布に従う変数が2つあるとき，その変数をそれぞれの自由度で割り，その比をとった値は**F分布**（F-distribution）と呼ばれる確率分布に従います。例えば，χ_1^2が自由度mのカイ2乗分布に従い，χ_2^2が自由度nのカイ2乗分布に従うとき，以下の式で計算されるFは，自由度(m, n)のF分布に従います。mを分子の自由度，nを分母の自由度と呼びます。

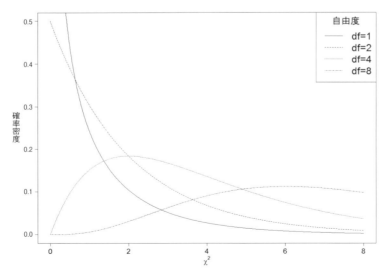

図2-10　カイ2乗分布の確率密度関数

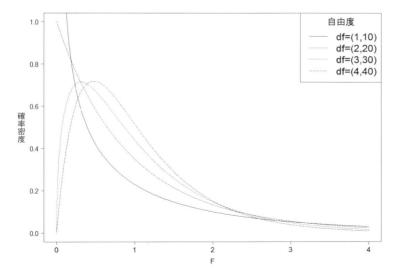

図 2-11 F 分布の確率密度関数

$$F = \frac{\chi_1^2/m}{\chi_2^2/n}$$

F 分布の確率密度関数は，図 2-11 のようになります。F 分布は，第 4 章以降で登場する F 検定に利用されます。

ちなみに，F 分布に従う変数で，分子の自由度が 1 のとき，F の正の平方根は t 分布に従います。つまり，t 分布は以下の式で計算される値が従う確率分布です。

$$t = \frac{z}{\sqrt{\chi^2/n}}$$

第3章
ベクトルと行列

本章では，ベクトルと行列について，簡単な解説を行います。ベクトルと行列は，大学の数学では，線形代数学と呼ばれる分野で主に登場します。文系の学生は，線形代数学について学ぶ機会はあまりないと思います。しかし，知っておくと，統計モデリングを学ぶときには役に立ちます。本章では，線形代数学の理論には立ち入らず，簡単な行列計算の規則と，統計解析でよく登場する行列について説明します。

3-1 ベクトルと行列の計算の基礎

本節では，ベクトルと行列の定義と，その計算の規則について解説します。

ベクトル

ベクトルの厳密な数学的定義を説明するのは難しいですが，本書ではとりあえず，数を縦に並べたもののことを，**ベクトル**（vector）としておきます。ベクトルに含まれる1つひとつの値のことを，ベクトルの**要素**または**成分**と呼びます。ベクトルに含まれる要素の個数のことを，ベクトルの**次元**と呼びます。

$$\boldsymbol{a} = \begin{pmatrix} a_1 \\ a_2 \\ \vdots \\ a_m \end{pmatrix}$$

ベクトルは，太字の小文字アルファベットで表記されることが多いです。文章にするときは，数字を縦に並べると幅をとってしまうので，転置記号（′）を用いて，横に並べて表記されることも多いです。

$$\boldsymbol{a}' = \begin{pmatrix} a_1 & a_2 & \cdots & a_m \end{pmatrix}$$

ベクトルの和と定数倍

次元の同じ2つのベクトルがあるとき，それぞれのベクトルの第 i 要素同士を足し合わせてできるベクトルを，ベクトルの和と呼びます。また，ベクトルのすべての要素に定数をかけたものを，ベクトルの定数倍と呼びます。

$$\boldsymbol{a}' = \begin{pmatrix} a_1 & a_2 & \cdots & a_m \end{pmatrix}$$

$$\boldsymbol{b}' = \begin{pmatrix} b_1 & b_2 & \cdots & b_m \end{pmatrix}$$

$$\boldsymbol{a}' + \boldsymbol{b}' = \begin{pmatrix} a_1+b_1 & a_2+b_2 & \cdots & a_m+b_m \end{pmatrix}$$

$$c\boldsymbol{a}' = \begin{pmatrix} ca_1 & ca_2 & \cdots & ca_m \end{pmatrix}$$

R におけるベクトル

R におけるベクトルの定義は，数学のベクトルの定義とは少し異なります。R では，複数の値を1つのまとまりにしたものをベクトルと呼びます。「値」は数字である必要はなく，文字列でも構いません。例えば，データフレームの1つひとつの列はベクトルと見なされます。

ベクトルは，c()という関数を使って作ることができます。ベクトルの中身が数値の場合は，以下のように，ベクトルの和や定数倍を計算することができます。

```
> v1<-c(1,2,3,4)
> v2<-c(5,6,7,8)

> v1 + v2
[1]  6  8 10 12

> v1*10
[1] 10 20 30 40
```

行列

数を縦横に並べたもののことを，**行列**（matrix）と呼びます。横の並びを**行**（row），縦の並びを**列**（column）と呼びます。行の数が m，列の数が n である行列を，$m \times n$ 行列と呼びます。$m \times n$ のことを，行列の**型**と呼びます。行列の要素のうち，i 行 j 列目にある要素を (i, j) 要素と呼び，a_{ij} のように表記します。行列は，太字の大文字アルファベットで表記されることが多いです。

$$A = \begin{pmatrix} a_{11} & a_{12} & \cdots & a_{1n} \\ a_{21} & a_{22} & \cdots & a_{2n} \\ \vdots & \vdots & \ddots & \vdots \\ a_{m1} & a_{m2} & \cdots & a_{mn} \end{pmatrix}$$

R では，matrix()という関数を使って行列を作ることができます。以下のように，行列の要素となる数列をベクトル形式で引数に入れます。

```
> M1<-matrix(c(1,2,3,4,5,6),nrow=3,byrow=T)
```

```
> M1
     [,1] [,2]
[1,]    1    2
[2,]    3    4
[3,]    5    6
```

行の数は nrow，列の数は ncol で指定します。片方を指定すればもう片方は自動的に決まるので，どちらか片方を指定するだけで構いません。デフォルトでは，1列目から順番に要素が割り当てられますが，1行目から順番に割り当てたい場合は「byrow=T」と指定します。

行列の和

型が同じ2つの行列があるとき，行列の和が定義できます。行列の和は，それぞれの (i, j) 要素を足し合わせてできる行列になります。

$$A = \begin{pmatrix} a_{11} & \cdots & a_{1n} \\ a_{21} & \cdots & a_{2n} \\ \vdots & \ddots & \vdots \\ a_{m1} & \cdots & a_{mn} \end{pmatrix}$$

$$B = \begin{pmatrix} b_{11} & \cdots & b_{1n} \\ b_{21} & \cdots & b_{2n} \\ \vdots & \ddots & \vdots \\ b_{m1} & \cdots & b_{mn} \end{pmatrix}$$

$$A + B = \begin{pmatrix} a_{11}+b_{11} & \cdots & a_{1n}+b_{1n} \\ a_{21}+b_{21} & \cdots & a_{2n}+b_{2n} \\ \vdots & \ddots & \vdots \\ a_{m1}+b_{m1} & \cdots & a_{mn}+b_{mn} \end{pmatrix}$$

Rでは，以下のようにして計算できます。

```
> M1
     [,1] [,2]
[1,]    1    2
[2,]    3    4
[3,]    5    6

> M2
     [,1] [,2]
[1,]    7    8
[2,]    9   10
[3,]   11   12
>
> M1 + M2
     [,1] [,2]
[1,]    8   10
[2,]   12   14
```

```
         [3,]   16   18
```

行列の積

$m \times n$行列と$r \times s$行列があり，$n = r$であるとき，行列の積が定義できます。行列の積は，以下の式で計算されるc_{ij}を(i, j)要素にもつ$m \times s$行列になります。

$$c_{ij} = \sum_{k=1}^{n} a_{ik} b_{kj}$$

行列の積を，具体的に計算してみましょう。以下のような3×2行列 $\boldsymbol{A}$ と2×3行列 $\boldsymbol{B}$ があるときに，行列の積 $\boldsymbol{AB}$ を計算してみます。

$$\boldsymbol{A} = \begin{pmatrix} 1 & 2 \\ 3 & 4 \\ 5 & 6 \end{pmatrix}$$

$$\boldsymbol{B} = \begin{pmatrix} 1 & 2 & 3 \\ 4 & 5 & 6 \end{pmatrix}$$

行列の積 $\boldsymbol{AB}$ の(i, j)要素をc_{ij}とおくと，$\boldsymbol{AB}$ の$(1, 1)$要素c_{11}は，以下のように計算できます。

$$c_{11} = a_{11} \times b_{11} + a_{12} \times b_{21} = 1 \times 1 + 2 \times 4 = 9$$

行と列の組み合わせは，3×3＝9通りあります。そのすべての組み合わせについて同じ計算をすると，行列の積 $\boldsymbol{AB}$ は，以下のような3×3行列になります。

$$\boldsymbol{AB} = \begin{pmatrix} 1 \times 1 + 2 \times 4 & 1 \times 2 + 2 \times 5 & 1 \times 3 + 2 \times 6 \\ 3 \times 1 + 4 \times 4 & 3 \times 2 + 4 \times 5 & 3 \times 3 + 4 \times 6 \\ 5 \times 1 + 6 \times 4 & 5 \times 2 + 6 \times 5 & 5 \times 3 + 6 \times 6 \end{pmatrix} = \begin{pmatrix} 9 & 12 & 15 \\ 19 & 26 & 33 \\ 29 & 40 & 51 \end{pmatrix}$$

行列の積が定義されるのは，$m \times n$行列と$r \times s$行列があり，$n = r$であるときです。したがって，$\boldsymbol{AB}$ が定義できても，$\boldsymbol{BA}$ が定義できるとは限りません。$\boldsymbol{AB}$ と $\boldsymbol{BA}$ の両方が定義できるのは，$n = r$かつ$m = s$であるときです。また，$\boldsymbol{AB}$ と $\boldsymbol{BA}$ の両方が定義できても，たいていの場合は $\boldsymbol{AB}$ と $\boldsymbol{BA}$ は一致しません。

Rで行列の積を計算したいときは，「%*%」という演算子を使って計算します。以下の例では，$\boldsymbol{AB}$ と $\boldsymbol{BA}$ の両方が定義できますが，$\boldsymbol{AB}$ と $\boldsymbol{BA}$ は一致しません。

```
> A
     [,1] [,2]
[1,]   1    2
[2,]   3    4
[3,]   5    6

> B
     [,1] [,2] [,3]
[1,]   1    2    3
[2,]   4    5    6

> A%*%B
     [,1] [,2] [,3]
```

```
     [1,]    9   12   15
     [2,]   19   26   33
     [3,]   29   40   51

> B%*%A
     [,1] [,2]
[1,]   22   28
[2,]   49   64
```

3-2 様々な行列

本節では，統計学で使われることの多い行列と，その特徴を説明します。

転置行列

行列 X の行と列を入れ替えてできる行列を，X の**転置行列**（transposed matrix）と呼びます。転置行列は，転置記号 ′ を用いて，X' のように表記します。

$$A = \begin{pmatrix} a_{11} & a_{12} & \cdots & a_{1n} \\ a_{21} & a_{22} & \cdots & a_{2n} \\ \vdots & \vdots & \ddots & \vdots \\ a_{m1} & a_{m2} & \cdots & a_{mn} \end{pmatrix}$$

$$A' = \begin{pmatrix} a_{11} & a_{21} & \cdots & a_{m1} \\ a_{12} & a_{22} & \cdots & a_{m2} \\ \vdots & \vdots & \ddots & \vdots \\ a_{1n} & a_{2n} & \cdots & a_{mn} \end{pmatrix}$$

Rでは，t()関数を使うと転置行列が求められます。

```
> A
     [,1] [,2]
[1,]    1    2
[2,]    3    4
[3,]    5    6

> t(A)
     [,1] [,2] [,3]
[1,]    1    3    5
[2,]    2    4    6
```

正方行列

行の数と列の数が等しい行列を，**正方行列**（square matrix）と呼びます。正方行列の要素 x_{ij} のうち，$i=j$ であるものを，**対角成分**と呼びます。以下の式で，四角で囲われた部分に当たります。

$$A = \begin{pmatrix} 1 & 4 & 7 \\ 2 & 5 & 8 \\ 3 & 6 & 9 \end{pmatrix}$$

単位行列

　正方行列で，転置をしても元の行列から変わらないものを，**対称行列**（symmetry matrix）と呼びます。対称行列で，対角成分以外の要素がすべて0であるものを，**対角行列**（diagonal matrix）と呼びます。対角行列のうち，対角成分がすべて1であるものを，**単位行列**（identity matrix）と呼びます。$n \times n$型の単位行列のことを，I_nと表記することもあります。

$$I_3 = \begin{pmatrix} 1 & 0 & 0 \\ 0 & 1 & 0 \\ 0 & 0 & 1 \end{pmatrix}$$

　Rでは，diag()関数を使うと単位行列を作ることができます。例えば，I_3は以下のようにして作ります。

```
> I3<-diag(3)
> I3
     [,1] [,2] [,3]
[1,]    1    0    0
[2,]    0    1    0
[3,]    0    0    1
```

　$n \times n$の正方行列Aに，同じ型の単位行列Iを右からかけても左からかけても，同じ行列になります。つまり，$AI = IA = A$となります。

```
> A<-matrix(1:9,ncol=3)
> A
     [,1] [,2] [,3]
[1,]    1    4    7
[2,]    2    5    8
[3,]    3    6    9

> A%*%I3
     [,1] [,2] [,3]
[1,]    1    4    7
[2,]    2    5    8
[3,]    3    6    9

> I3%*%A
     [,1] [,2] [,3]
[1,]    1    4    7
```

```
[2,]  2  5  8
[3,]  3  6  9
```

逆行列

正方行列Aについて，$AX=XA=I$となる行列Xを，Aの**逆行列**（inverse matrix）と呼び，A^{-1}と表します。Rでは，solve()という関数で，逆行列を求めることができます。

```
> A<-matrix(1:4,ncol=2)
> A
     [,1] [,2]
[1,]  1    3
[2,]  2    4

> Ai<-solve(A)
> Ai
     [,1] [,2]
[1,]  -2   1.5
[2,]   1  -0.5

> A%*%Ai
     [,1] [,2]
[1,]  1    0
[2,]  0    1

> Ai%*%A
     [,1] [,2]
[1,]  1    0
[2,]  0    1
```

逆行列は，正方行列に対して常に存在するとは限りません。逆行列が存在する場合，その行列は，**正則である**と表現します。正方行列が正則である場合，逆行列は，1つしか存在しません。

統計と行列

ベクトルや行列を使うと，複数の数を1つのまとまりとして扱うことができます。データは複数の数の集まりですから，ベクトルや行列の形で表すことができます。複数の変数が絡む統計解析手法を扱うときは，行列が役に立ちます。特に，変数の個数が多い場合は，行列とベクトルを利用すると，統計モデルをスッキリと表記することができます。詳しくは次章で扱います。

分散共分散行列

統計解析でよく登場する行列が，**分散共分散行列**（variance-covariance matrix）です。分散共分散行列とは，複数の変数があるときに，それらの共分散を対称行列の形に表したものです。対角成分は，各変数の分散になります。

例えば，以下のような3つの変数からなるデータフレームがあるとします。このとき，データフレームに対して var() 関数を使用すると，分散共分散行列が求められます。

```
> d
   v1 v2 v3
1  38 55 34
2  60 62 52
3  62 58 50
4  57 46 59
5  48 44 45
6  47 40 79
7  62 62 55
8  31 35 33
9  42 39 39
10 61 61 37
>
> var(d)
          v1         v2         v3
v1 125.95556  89.600000  59.955556
v2  89.60000 110.622222  -6.177778
v3  59.95556  -6.177778 198.011111
```

分散共分散行列と同じ形式で，相関係数を並べたものが**相関係数行列**（correlation coefficients matrix）です。相関係数行列では，対角成分は1になります。Rでは，データフレームに対して cor() 関数を使うと，相関係数行列が求められます。

```
> cor(d)
          v1         v2          v3
v1 1.0000000  0.75906358  0.37964352
v2 0.7590636  1.00000000 -0.04174133
v3 0.3796435 -0.04174133  1.00000000
```

第 4 章

線形モデル

本章からいよいよ，統計モデリングの解説に入ります。本章では，統計モデルの最も基本的な形ともいえる，線形モデル（linear model: LM）について解説を行います。

4-1 変数を直線で予測する

統計モデルとは，ある変数から別の変数を予測することを目的としたものです。本節ではまず，変数を直線で予測するという，線形モデルの基本的な考え方を説明します。

説明変数と応答変数

2つの量的変数 x と y があり，散布図を描いたところ，図4-1のようになったとします。x と y の間には，片方が大きくなればもう片方も大きくなるという直線的な関係（正の相関）があることがわかります。このような場合に，片方の変数の値から，もう片方の変数を**予測**（predict）しようと試みるのが，モデリングです。

予測の対象となる変数を，**応答変数**（response variable）あるいは**目的変数**（objective variable）と呼びます。これに対して，予測に用いる変数を，**説明変数**（explanatory variable）と呼びます。例えば，x の値から y の値を予測するのであれば，x が説明変数で y が応答変数となります。

モデル式を立てる

どのように説明変数から応答変数を予測すればよいでしょうか。x と y の間には直線的な関係があるので，図4-2のように直線を引いてみます。

平面上の直線は，一次関数 $y=ax+b$ で表せます。図4-2の直線の方程式を求めることができれば，x から y を予測するための式ができます。このように，一次関数の式の形になっているモデルを，**線形モデル**（linear model: LM）と呼びます。線形モデルは，以下の式で表されます。

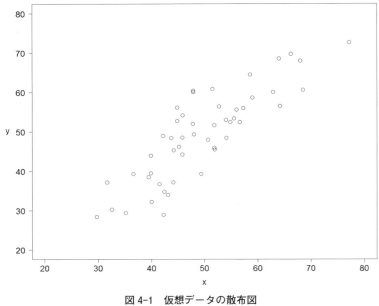

図 4-1 仮想データの散布図

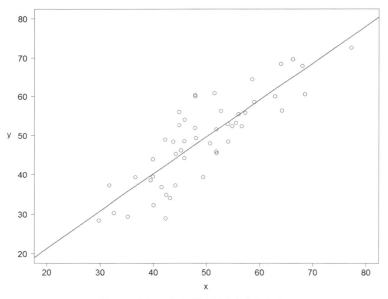

図 4-2 図 4-1 に直線を描き加えたもの

$$y_i = \beta_0 + \beta_1 x_i + \varepsilon_i$$

y が応答変数で，x が説明変数です。添え字の i は，複数ある測定値の i 番目ということを意味しています（例えば，データのサンプルサイズが 50 であれば，i は 1 から 50 までの整数です）。

β_0 と β_1 は，定数です。β_0 は，直線と縦軸の交点，すなわち**切片**（intercept）にあたります。x の係数 β_1 は，直線の**傾き**（slope）を表します。β_0 と β_1 をまとめて，モデルの**パラメータ**（parameter）と呼びます。

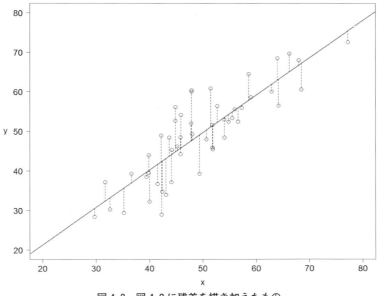

図 4-3 図 4-2 に残差を描き加えたもの

　右辺の 3 つ目の項 ε_i は**残差**（residual）と呼ばれます（ε は，「イプシロン」と読むギリシャ文字です）。残差とは，散布図における，それぞれの点と直線の間の距離（図 4-3 において破線で示した部分）に相当します。モデルによる予測値と，実際に測定された値（実測値）の間の**誤差**（error）を示しています。

残差に関する仮定

　線形モデルでは，残差がそれぞれ独立に，正規分布 $N(0, \sigma^2)$ に従うと仮定します。「独立に」というのは，残差同士が互いに影響を及ぼすことはないという意味です。また，残差は，説明変数とも互いに独立であると仮定します。

　この仮定の上では，残差は 0 になると期待されるので，y_i の期待値は，$\beta_0 + \beta_1 x_i$ になります。これは，応答変数の期待値（平均）が，説明変数の値によって変化すると仮定していることになります。そこに，正規分布する誤差が加わるので，応答変数は，平均が $\beta_0 + \beta_1 x_i$ で，分散が σ^2 の正規分布に従っている，と仮定していることになります。したがって，モデル式は以下のように書き表すこともできます。

$$y_i \sim N(\mu_i, \sigma^2)$$
$$E(y_i) = \mu_i = \beta_0 + \beta_1 x_i$$

4-2　パラメータの推定

　前節では，説明変数から応答変数を予測するためのモデル式を立てました。本節では，モデルのパラメータを推定する方法を解説します。

最小二乗法

　モデル式を立てたら，パラメータの値を推定します。パラメータの値は，手元にあるデータから求めます。ここで注意が必要なのは，手元にあるデータは標本であって，母集団の一部にすぎないということです。したがって，標本から求めるパラメータの値は，あくまでも母集団におけるパラメータの値の推定値ということになります。

　パラメータの値を推定するにあたって，「良い」モデルとはどのようなモデルであるかを考えてみます。モデルを立てる目的は，説明変数から応答変数を予測することです。予測には誤差がつきものですが，誤差はできる限り小さい方が望ましいです。そこで，モデルの誤差，すなわちモデルによる予測値と実測値との間の差が最小になるようなパラメータを求めてやります。この求め方を，**最小二乗法**（least square method）と呼びます。

　モデルによる予測値を，$\hat{y}_i$と表記します。記号「^」は，「ハット」と読み，その値が推定値であることを意味します。$\hat{y}_i$と実測値y_iとの差が，残差ε_iです。式で書くと，以下のようになります。

$$\hat{y}_i = \hat{\beta}_0 + \hat{\beta}_1 x_i$$

$$\varepsilon_i = y_i - \hat{y}_i = y_i - (\hat{\beta}_0 + \hat{\beta}_1 x_i)$$

　残差は，そのままだと正の値と負の値が両方出てきてややこしいので，符号を揃えるために2乗します。残差を2乗して，すべて足し合わせたものを，**残差平方和**（residual sum of squares: RSS）と呼びます。

$$RSS = \sum_{i=1}^{n} \{y_i - (\hat{\beta}_0 + \hat{\beta}_1 x_i)\}^2$$

　上記の式で計算される残差平方和を最小にする$\hat{\beta}_0$と$\hat{\beta}_1$を求めるのが，最小二乗法です。本書では，詳しい計算の方法までは扱いません。詳しい計算の仕方は，永田・棟近（2001）などを参照してください。本書では，詳しい計算方法を説明する代わりに，Rで最小二乗法によるパラメータ推定を行う方法を紹介します。

Rで最小二乗法によるパラメータ推定を行う

　Rでは，lm()関数を使うと，最小二乗法によるパラメータ推定を簡単に行うことができます。ここでは，50組のxとyの値から成るデータが，dという名前のデータフレームとしてRに読み込まれているとします。このとき，xからyを予測する線形モデルの傾きと切片は，以下のようにして推定することができます。

```
> model1<-lm(y~x,data=d)
> model1


Call:
lm(formula = y ~ x, data = d)

Coefficients:
(Intercept)            x
```

2.2913	0.9473

　lm()関数の引数は，モデル式とデータフレームの名前です。モデル式は 応答変数と説明変数をチルダ（~）という記号でつなげて表現します。Rでは，基本的にどの関数でも，モデル式はこの形で表現されます。次にデータフレームの名前を指定します。上記例ではlm()関数の計算結果（これをlmオブジェクトと呼びます）に，「model1」という名前をつけています。

　コマンドを実行した後にmodel1を呼び出すと，パラメータの推定値が出力されます。「Intercept」が切片で，「x」が傾きの推定値です。したがって，モデル式は以下のようになります。

$$\hat{y}_i = 2.29 + 0.95 x_i$$

モデルによる予測

　傾きの値より，xが1増えると，yは0.95増加すると予測されます。モデルによる予測値は，predict()という関数で求めることができます。以下のようにすると，今回のデータから予測されるyの値を求めることができます。

```
> predict(model1)
       1        2        3        4        5        6        7        8
63.10985 33.17423 75.42514 39.71080 51.45769 40.08973 49.08937 58.18373
       9       10       11       12       13       14       15       16
61.87832 51.36296 53.44709 43.68959 67.18337 40.18447 47.66837 54.86808
      17       18       19       20       21       22       23       24
45.77371 40.08973 55.91014 35.63728 54.20495 30.42697 42.26859 44.16325
      25       26       27       28       29       30       31       32
55.34174 50.32090 66.70970 32.32163 56.57327 51.07876 42.36333 57.80480
      33       34       35       36       37       38       39       40
44.82638 45.67898 62.92038 53.54182 44.82638 36.96355 42.45806 65.00451
      41       42       43       44       45       46       47       48
44.06852 45.11058 43.12119 41.60546 47.66837 47.76311 47.57364 45.67898
      49       50
51.36296 52.21556
```

　また，新たなxの値を与えてyの予測値を求めることもできます。predict()関数で，newdataという引数を指定すると求めることができます。

```
> predict(model1,newdata=list(x=c(10,50,100)))
       1        2        3
11.76457 49.65777 97.02426
```

　上記例では，リストと呼ばれる形式（list）で，引数newdataを指定しています。yの値は，xが10のとき11.76，50のとき49.66，100のとき97.02と予測されます。

パラメータの標準誤差と信頼区間

ここで，標本から求められたパラメータの値はあくまでも推定値であることを思い出しましょう。パラメータは，限られた大きさの標本から求められたものですから，母集団の値からはズレている可能性もあります。したがって，今回の推定はどのくらいの精度のものなのかを示す必要があります。

母平均の推定では，標準誤差を求めたり，信頼区間を求めたりして推定の精度を示しました。それと同様に，パラメータの値に関しても標準誤差や信頼区間を求めることができます。先ほど作ったmodel1というlmオブジェクトをsummary()関数の引数にすると，以下のように様々な値が出力されます。

```
> summary(model1)

Call:
lm(formula = y ~ x, data = d)

Residuals:
    Min      1Q  Median      3Q     Max
-13.4633 -4.5566 -0.5184  4.3659 12.7316

Coefficients:
            Estimate Std. Error t value Pr(>|t|)
(Intercept)  2.29127    4.29944   0.533    0.597
x            0.94733    0.08532  11.104 7.36e-15 ***
---
Signif. codes:  0 '***' 0.001 '**' 0.01 '*' 0.05 '.' 0.1 ' ' 1

Residual standard error: 6.046 on 48 degrees of freedom
Multiple R-squared:  0.7198,    Adjusted R-squared:  0.7139
F-statistic: 123.3 on 1 and 48 DF,  p-value: 7.363e-15
```

出力の中の「Coefficients」がパラメータに関する情報です。「Estimate」がパラメータの推定値，「Std. Error」がパラメータの標準誤差です。標準誤差が大きいときには推定の精度は高くないといえます。パラメータの信頼区間は，confint()という関数を使って求めることができます。

```
> confint(model1)
                2.5 %     97.5 %
(Intercept) -6.3533333 10.935881
x            0.7757911  1.118869
```

デフォルトでは，パラメータの95%信頼区間が出力されます。信頼区間を見るときに注意するのは，その幅の広さです。信頼区間が広い場合，その推定の精度は高いとはいえ

ません。また，説明変数の係数，すなわち傾きの信頼区間を見るときには，区間が0を含んでいないかに注意します。傾きが0に近いということは，その説明変数は，応答変数の予測には役に立たないということになります。上記例では，傾きの信頼区間は0を含んでいないので，傾きは0ではなさそう，つまり説明変数 x は予測に使えそうだ，ということになります。

4-3 線形モデルに関する検定

線形モデルに関しても，仮説の検定を行うことができます。本節では，2種類の検定を紹介します。

説明変数のパラメータが0であるという仮説の検定

説明変数のパラメータ，すなわち直線の傾きが0である場合，その説明変数は，応答変数の予測に役に立ちません。パラメータ推定値は，あくまでも標本統計量です。したがって，たとえ推定値が0ではなくても，母集団における値（真の値）は0である可能性もあります。そこで，「母集団におけるパラメータの値は0である」という帰無仮説の検定を行います。

詳しい導出は省略しますが，パラメータ推定値の分布は，正規分布になることが知られています。そして，パラメータの推定値を $\hat{\beta}_1$，真のパラメータの値を β_1，パラメータの標準誤差を SE，モデルのパラメータ数を k とすると，以下の式で計算される値は，自由度が $n-k$ の t 分布に従います。

$$t = \frac{\hat{\beta}_1 - \beta_1}{SE}$$

「パラメータの真の値は0である」という帰無仮説を検定したければ，上式に $\beta_1=0$ を代入した値，つまりパラメータの推定値を標準誤差で割った値を計算します。そして，自由度が $n-k$（今回の場合はサンプルサイズ − 2）の t 分布を用いて p 値を計算します。Rでは，lm オブジェクトを summary() 関数の引数にしたときの出力の中に，t 値と p 値が含まれています。以下は，出力の中から該当箇所を抜粋したものです。

```
Coefficients:
            Estimate Std. Error t value Pr(>|t|)
(Intercept)  2.29127    4.29944   0.533    0.597
x            0.94733    0.08532  11.104 7.36e-15 ***
---
Signif. codes:  0 '***' 0.001 '**' 0.01 '*' 0.05 '.' 0.1 ' ' 1
```

今回の例では，$t(48)=11.10$ となります。p 値は，「7.36e − 15」と出力されていますが，これは，7.36×10^{-15} と読みます。有意水準を5%とすれば，p 値は有意水準を下回るので，$\beta_1=0$ という帰無仮説は棄却されます。

複数のモデルを比較する

　複数のモデルを比較するために，検定を行うこともあります。線形モデルでは，誤差ができるだけ小さくなるようにパラメータの値を推定しています。したがって，モデルが複数ある場合には，より誤差の小さいモデルが，より良いモデルということになります。

　先ほどのmodel1の誤差は，どれくらいかを見てみましょう。まず，個々の実測値と予測値との誤差（残差）を計算します。残差は，「model1\$residuals」とすると取り出すことができます。残差を2乗して足し合わせたものが，残差平方和（RSS）です。

```
> RSS1<-sum(model1$residuals^2)
> RSS1
 [1] 1754.434
```

　この場合の残差平方和は，1754.43と求められました。通常，線形モデルによる分析で関心となるのは，説明変数をモデルに入れることによってモデルが「良く」なるかどうか，つまり，説明変数をモデルに入れることによって誤差が小さくなるかどうかです。そこで，xを説明変数に入れたモデルと，入れないモデルとの間で，誤差の大きさ，すなわち残差平方和を比較します。

　xを説明変数に入れないモデル，すなわち切片のみのモデルを作ってみます。切片のみで説明変数を含まないモデルのことを，**帰無モデル（null model）**と呼びます。帰無モデルは，Rでは以下のように表記します。

```
> model0<-lm(y~1,data=d)
> model0

Call:
lm(formula = y ~ 1, data = d)

Coefficients:
(Intercept)
      49.08
```

　モデル式を「y~1」と表記すると，説明変数をもたない切片のみのモデルになります。帰無モデルのパラメータは切片のみで，この場合の切片の推定値は，49.08です。このモデルのもとでは，yの期待値はxに関わらず一定で，49.08であるということになります。このモデルの残差平方和を求めると，以下のようになります。

```
> RSS0<-sum(model0$residuals^2)
> RSS0
 [1] 6260.946
```

　帰無モデル（model0）の残差平方和は，6260.95と求められました。説明変数xを入れたモデル（model1）の残差平方和は1754.43でしたから，model1の方が誤差は小さいということになります。

```
> RSS0-RSS1
[1] 4506.511
```

model0 の誤差と model1 の誤差の差分を計算すると，4506.51 です。model0 と model1 の違いは，説明変数 x を入れるか入れないかという一点のみです。したがって，この差分は，x をモデルに含めることによって減る誤差，つまり x をモデルに入れることでどれだけモデルが改善されるかということを表しています。この差分が大きければ，x をモデルに含めることで誤差がより小さくなる，つまり x をモデルに含めることには意味があるということになります。

帰無モデルと比べたときに残差平方和がじゅうぶんに小さくなるのであれば，説明変数をモデルに含めることには意味があります。しかし，モデルのパラメータ値は標本から推定されたものなので，たまたま残差平方和が小さくなった可能性もあります。そこで，残差平方和が小さくなったのは偶然とは考えにくいということを主張するために，検定を行います。

F 値による検定

比較したいモデル model0 と model1 があり，それぞれのパラメータ数を k_0, k_1 (ただし，$k_0 < k_1$)，残差平方和を RSS_0, RSS_1 とします。このとき，以下の式で，F 値 (F-value) を求めます。この F 値は，よりパラメータ数の少ないモデル (model0) が真のモデルであるときに，自由度が $(k_1-k_0, n-k_1)$ の F 分布に従うことがわかっています。

$$F = \frac{(RSS_0 - RSS_1)/(k_1 - k_0)}{RSS_1/(n-k_1)}$$

今回のデータの場合は，$k_0=1, k_1=2, n=50$ なので，自由度が $(1, 48)$ の F 分布に従います。先ほど求めた残差平方和から F 値を計算してみると，以下のようになります。

```
> Fvalue <- (RSS0-RSS1)/(RSS1/(50-2))
> Fvalue
[1] 123.2947
```

F 値は 123.29 と，非常に大きな値になっています。自由度が $(1, 48)$ の F 分布で，F 値が 123.29 よりも大きくなる確率を求めてみます。F 分布の累積確率を求める関数 pf() を使用して，以下のように求めます。

```
> pf(Fvalue,df1=1,df2=48,lower.tail=F)
[1] 7.363251e-15
```

今回の p 値は，7.36×10^{-15} です。したがって，model0 が真のモデルであるという仮説は棄却され，説明変数 x を入れたモデルが選ばれる，つまり x を含めるとモデルが良くなると結論づけます。

ここまでは，定義に沿って残差平方和を求めて F 値を計算しましたが，いちいちこの計算をしなくても，lm オブジェクトに対して summary() 関数を使うと，F 値と p 値が出力されます。lm オブジェクトに対して summary() 関数を使った出力の中の一番下に F 値，

自由度，p 値が表示されています。

```
F-statistic: 123.3 on 1 and 48 DF,  p-value: 7.363e-15
```

検定をするときの注意点

本節では，母集団のパラメータの値が 0 であるという仮説を検定する方法，F 値を使ってモデルに説明変数を含めるか否かを検定する方法を説明しました。これらの方法も検定ですから，第 2 章で述べた，検定の問題点は関係してくることに注意をしましょう。サンプルサイズが大きければ，帰無モデルは棄却されやすくなります。

検定よりも重要なのは，パラメータの推定値を吟味することです。今回の場合は，x の値が 1 大きくなれば y の値は 0.95 増加すると予測される，という結果になりました。「0.95 増加」というのがどのくらいの意味をもつかは，何を測定しているかによって異なってきます。また，信頼区間を吟味することも重要です。信頼区間が 0 を含んでいれば，説明変数は応答変数の予測に役に立たないかもしれません。0 を含んでいないにしても，区間の幅が広ければ，推定の精度は低く，自信をもって結論を下すことはできないかもしれません。検定の結果で一喜一憂するのではなく，パラメータの値と信頼区間をよく吟味するようにしましょう。

4-4 モデルの診断

線形モデルを作るときには，いくつかの仮定を立てました。本節では，その仮定が適切であるかどうかを，データからチェックする方法を解説します。

モデルに関する仮定のチェック

ここまでは，残差が互いに独立に正規分布に従うという仮定を，何の疑いもなく設定してきました。しかし，この仮定は，何も考えずに受け入れてよいものではありません。仮定に無理がないかどうかを確認しておく必要があります。このことを，モデルの**診断**（diagnosis）と呼ぶこともあります。

R では，モデルの診断を視覚的に行うことができるので，それを使いながら説明していきます。前節までに作った lm オブジェクト model1 を，引き続き使います。

残差のプロット

lm オブジェクト model1 を，plot() という関数の引数に入れます。何も指定しないと複数の図が出力されるので，ここでは 1 つずつ出力しながら説明していきます。出力する図は，which という引数で指定することができます。

```
> plot(model1,which=1)
```

まずは，「which=1」と指定してみます。そうすると，図 4-4 のようなグラフが出力されます。

図 4-4 の横軸は，モデルによる予測値です。縦軸は，残差です。着目するのは，予測値

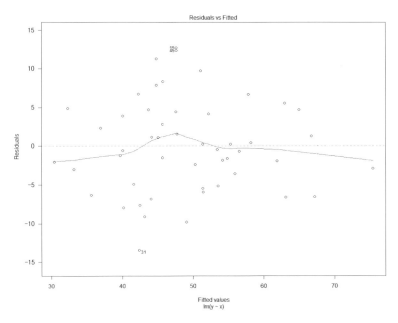

図 4-4 予測値と残差のプロット

に対して，残差が均等にばらついているかどうかです。例えば，予測値が大きくなるにつれて残差も大きくなる，といったような何らかのパターンがある場合は，説明変数と残差が独立であるとはいえなくなるので望ましくありません。

正規確率プロット

次に，「which=2」と指定してみます。そうすると，図 4-5 のようなグラフが出力されます。

```
> plot(model1,which=2)
```

図 4-5 は，**正規確率プロット**，あるいは **Q-Q プロット**と呼ばれるグラフです。残差が正規分布に従う，という仮定が適切かどうかを判断するために使われます。

縦軸は，**標準化残差（standardized residual）** と呼ばれるものです。残差を標準化したもので，以下の式で計算されます。

$$r_i = \frac{y_i - \hat{y}_i}{\sqrt{\hat{\sigma}^2(1-h_{ii})}}$$

上式の分子は残差です。$\hat{\sigma}^2$ は，残差の分散の推定値です。そして，h_{ii} は，**テコ比（leverage）** と呼ばれる値です。テコ比については，この後詳しく説明します。

図 4-5 の横軸の「Theoretical Quantiles」は，「理論上の分位点」という意味です。正規分布に従うと仮定したとき，個々の残差は正規分布の中でどのくらいの位置にあるか，を示しています。

正規分布に従っているとき，正規確率プロットは直線を描きます。したがって，残差の並び方が直線に近いときは，正規分布を仮定するのは妥当であると考えられます。直線か

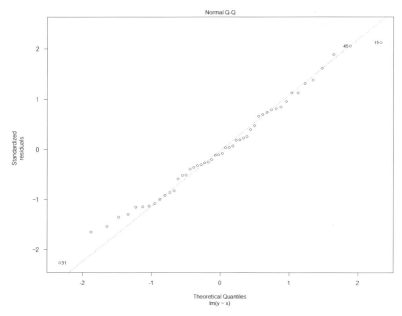

図 4-5 残差の正規確率プロット

ら外れているときは，正規分布を仮定するのは難しいということになります。

テコ比

今度は，plot()関数で「which=5」と指定してみます。そうすると，図 4-6 のようなグラフが出力されます。

```
> plot(model1,which=5)
```

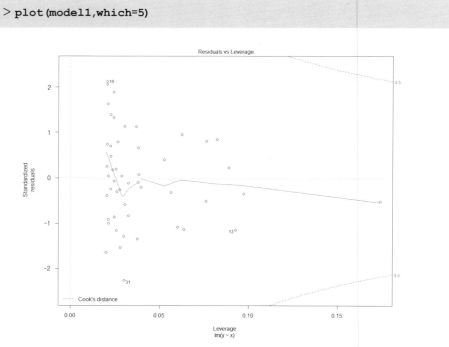

図 4-6 テコ比と残差のプロット

横軸がテコ比で，縦軸が標準化残差です．テコ比は，以下の式で計算されます．

$$h_{ii} = \frac{1}{n} + \frac{(x_i - \bar{x})^2}{\sum_{i}^{n}(x_i - \bar{x})^2}$$

テコ比は，個々の測定値がモデルの予測に与える影響の大きさを表しています．したがって，テコ比の大きい測定値があるとき，その測定値は，モデルの予測に大きな影響を与えます．他に比べて，テコ比が極端に大きい測定値があるときは，注意が必要です．

図 4-6 には，「Cook's distance」として，破線が描かれています．これは，**クックの距離**と呼ばれるもので，モデルのパラメータの数を k とすると，以下の式で計算されます．クックの距離も，テコ比と同様に，測定値がモデルの予測に与える影響の大きさを表しています．

$$d_i = \frac{1}{k}\left(\frac{h_{ii}}{1-h_{ii}}\right)r_i^2$$

モデルの仮定についての注意

本節では，「残差が互いに独立に正規分布に従う」という仮定に無理がないかどうかをチェックする方法を説明しました．ただし，本当に残差が正規分布に従うかどうかは，究極的にはわからないということに注意してください．本節で説明した方法で，正規分布を仮定することに無理はない，という結果になったとしても，仮定はあくまでも仮定です．

また，データの性質上，そもそも正規分布や直線をあてはめるのが不合理な場合もあります．正規分布をあてはめられないデータを扱うための手法として，一般化線形モデルがあります．これについては，第 5 章で詳しく説明します．重要なのは，「正規分布に従う」という仮定を何の疑いもなく受け入れないようにすることです．

4-5 説明変数が複数ある場合

前節までは，説明変数を 1 つもつ線形モデルについて解説しました．線形モデルには複数の説明変数を含めることもできます．

モデル式を立てる

例えば，x_1, x_2, x_3 という 3 つの説明変数があり，そこから応答変数 y の値を予測したいという場合を考えます．説明変数が複数になっても，基本的な考え方は同じです．モデル式は，以下のようになります．

$$y_i = \beta_0 + \beta_1 x_{i1} + \beta_2 x_{i2} + \beta_3 x_{i3} + \varepsilon_i$$

パラメータの数が増えるだけで，式の立て方は説明変数が 1 つのときと変わりません．説明変数の個数 + 1（切片）の数のパラメータを推定することになります．残差 ε_i は，正規分布 $N(0, \sigma^2)$ に従うと仮定します．

ベクトルと行列でモデルを表現する

今回の例では説明変数は 3 個ですが，それより多くの数の説明変数を入れることもでき

ます．説明変数の数が多くなると，モデル式が長くなります．そのような場合は，ベクトルと行列を利用すると，モデル式をスッキリと表すことができます．

サンプルサイズを，nとします．このとき，n個の応答変数を，以下のようなn次元ベクトルで表現します．

$$\boldsymbol{y} = \begin{pmatrix} y_1 \\ y_2 \\ \vdots \\ y_n \end{pmatrix}$$

説明変数はk個あるとします．その場合，パラメータは，以下のような，$(k+1)$次元ベクトルで表すことができます（説明変数+切片なので，$k+1$になります）．

$$\boldsymbol{b} = \begin{pmatrix} \beta_0 \\ \beta_1 \\ \vdots \\ \beta_k \end{pmatrix}$$

説明変数は，以下のような，$n \times (k+1)$の行列で表すことができます．この行列は，**デザイン行列（design matrix）**と呼ばれます．

$$\boldsymbol{X} = \begin{pmatrix} 1 & x_{11} & \cdots & x_{1k} \\ 1 & x_{21} & \cdots & x_{2k} \\ \vdots & \vdots & \ddots & \vdots \\ 1 & x_{n1} & \cdots & x_{nk} \end{pmatrix}$$

デザイン行列の1列目の要素は，すべて1になります．2列目以降には，説明変数の値が入ります．そして，残差は，以下のような，n次元ベクトルで表すことができます．

$$\boldsymbol{e} = \begin{pmatrix} \varepsilon_1 \\ \varepsilon_2 \\ \vdots \\ \varepsilon_n \end{pmatrix}$$

モデルを構成する要素を，上記のようにベクトルと行列で表しておけば，線形モデルは，説明変数が何個あっても以下のようなシンプルな式で表すことができます．

$$\boldsymbol{y} = \boldsymbol{X}\boldsymbol{b} + \boldsymbol{e}$$

パラメータを推定する

モデル式を立てたら，パラメータの値を推定します．パラメータは，説明変数が1個のときと同様に，最小二乗法で推定します．Rでは，lm()関数で推定することができます．

```
> model1<-lm(y~x1+x2+x3,data=d)
> model1


Call:
lm(formula = y ~ x1 + x2 + x3, data = d)

Coefficients:
(Intercept)      x1         x2          x3
   21.47992   0.72960    -0.16685     0.03043
```

モデル式とデータフレーム名を引数として指定するのは，説明変数が1個の場合と同じ

4-5 説明変数が複数ある場合

です。説明変数が複数あるときは，説明変数の間を「+」でつなぎます。切片および各説明変数のパラメータの推定値が出力されます。ちなみに，詳しい計算は省きますが，パラメータの最小二乗推定値ベクトルは以下のようになります。

$$\hat{\boldsymbol{b}} = (\boldsymbol{X}'\boldsymbol{X})^{-1}\boldsymbol{X}'\boldsymbol{y}$$

パラメータの最小二乗推定値ベクトルが，上式で表せることを確認するために，実際に計算をしてみましょう。デザイン行列は，Rでは，model.matrix()関数を使って作ることができます。

```
> X <- model.matrix(~x1 + x2 + x3, data=d)
> X
   (Intercept)  x1   x2   x3
1            1 53.5 59.9 40.6
2            1 57.8 58.6 53.3
3            1 55.4 55.4 42.1
4            1 53.1 59.0 52.8
5            1 35.2 47.9 39.7
6            1 57.7 51.6 42.4
7            1 39.4 31.0 54.4
8            1 52.2 55.2 51.1
9            1 33.8 34.4 44.4
10           1 52.1 50.1 62.3
 (以下，略)
```

応答変数が入っていないモデル式と，データフレーム名を引数にします。このデザイン行列を用いて，以下のように計算をします。最終的には，lm()関数とまったく同じ推定結果が得られます。

```
> t(X)%*%X
            (Intercept)       x1        x2        x3
(Intercept)        50.0   2491.6    2539.4    2465.8
x1               2491.6 131470.6  127117.2  122567.0
x2               2539.4 127117.2  133270.2  125021.6
x3               2465.8 122567.0  125021.6  125259.0

> solve(t(X)%*%X)
            (Intercept)            x1            x2            x3
(Intercept)  1.663336471 -6.523482e-03 -1.166638e-02 -1.471624e-02
x1          -0.006523482  1.386761e-04 -1.798441e-05  1.067334e-05
x2          -0.011666379 -1.798441e-05  2.355976e-04  1.210660e-05
x3          -0.014716243  1.067334e-05  1.210660e-05  2.751541e-04
```

```
> solve(t(X)%*%X)%*%t(X)%*%d$y
                    [,1]
(Intercept) 21.47991712
x1           0.72959612
x2          -0.16684854
x3           0.03043136
```

パラメータの解釈

　説明変数のパラメータの値は，他の説明変数の値が一定であるときに，当該の説明変数の値が1増えると，応答変数の値はどれだけ変化するかを表しています。例えば，上記例では，x_1 のパラメータの値は 0.73 です。これは，x_2 と x_3 の値が一定であるとき，x_1 の値が1増えると，応答変数の値は 0.73 増える，という予測になります。

　パラメータの信頼区間は，confint() 関数で求めることができます。説明変数が1個のときと同様に，信頼区間の幅の広さと，0を含んでいないかどうかに着目します。

```
> confint(model1)
                 2.5 %      97.5 %
(Intercept) 3.7819372 39.17789708
x1          0.5679987  0.89119356
x2         -0.3774780  0.04378089
x3         -0.1971945  0.25805723
```

　今回の例では，x_2 と x_3 のパラメータの信頼区間は0を含んでいます。そのため，x_2 と x_3 は，応答変数の予測には役に立たない可能性が高いと考えられます。

説明変数が複数ある場合の注意点

　説明変数が複数あるときは，説明変数の間に相関がないかどうかに注意が必要です。説明変数の間に相関がある場合，パラメータの推定がうまくいかなくなることが知られています。これを，**多重共線性**（multicollinearity）と呼びます。

　複数の説明変数をモデルに含めるときには，理論上明らかに相関すると考えられるような変数が混じらないように吟味をしましょう。研究上の仮説を踏まえた上で，モデルに入れる変数を選択することが大切です。また，説明変数同士で図 4-7 のような散布図を描いたり，相関係数を計算したりして，相関がないかどうかを確認しておきましょう。

```
> plot(d[,1:3])

> cor(d[,1:3])
          x1         x2          x3
x1 1.0000000  0.10236367 -0.05973480
x2 0.1023637  1.00000000 -0.05333026
```

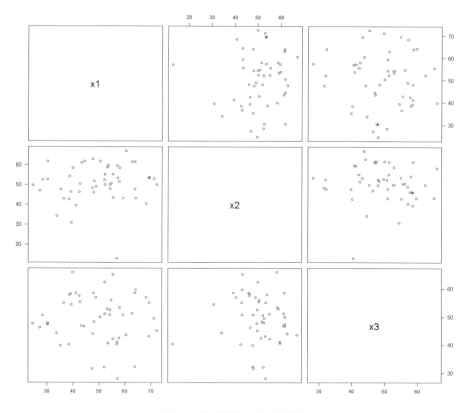

図 4-7　説明変数同士の散布図

```
x3  -0.0597348  -0.05333026   1.00000000
```

　散布図は plot() 関数で描くことができます。相関係数は cor() 関数で計算できます。今回のデータ例では，説明変数同士には相関はなさそうです。

モデルに関する検定

　説明変数が 1 つの場合と同様に，モデルに関する検定を行うこともできます。ここでは，母集団におけるパラメータの値が 0 であるという帰無仮説の検定と，複数のモデルを比較する検定について説明します。

説明変数のパラメータが 0 であるという仮説の検定

　説明変数が 1 つのときと同様に，パラメータごとに t 値を求めて検定します。lm オブジェクトを summary() 関数の引数にすると，結果が得られます。

```
Coefficients:
            Estimate Std. Error t value Pr(>|t|)
(Intercept) 21.47992    8.79230   2.443   0.0185 *
x1           0.72960    0.08028   9.088 7.78e-12 ***
x2          -0.16685    0.10464  -1.595   0.1177
```

```
x3                0.03043    0.11308    0.269    0.7891
---
Signif. codes:  0 '***' 0.001 '**' 0.01 '*' 0.05 '.' 0.1 ' ' 1
```

複数のモデルを比較する

説明変数が1つの場合は,説明変数を入れたモデルと入れないモデル(帰無モデル)との間で,残差平方和がどれくらい変化するかを調べ,そこからF値を計算して検定を行いました。説明変数が複数ある場合も,残差平方和からF値を計算して検定を行うことができます。

説明変数が複数ある場合には,残差平方和をどのように比較するかに複数の方法があります。ここではまず,すべての説明変数を含むモデルから,1つだけ説明変数を取り除いたときに,残差平方和がどう変化するかを調べてみましょう。3つの説明変数をすべて含むモデル(model1)と,model1から説明変数x_1を取り除いたモデル(model2)を作り,それぞれの残差平方和を計算してみます。

```
> RSS1<-sum(model1$residuals^2)
> RSS1
[1] 2137.877
>
> model2<-lm(y~x2 + x3,data=d)
>
> RSS2<-sum(model2$residuals^2)
> RSS2
[1] 5976.393
>
> RSS2-RSS1
[1] 3838.516
```

model1からx_1を取り除いたら,残差平方和が増えました。残差平方和が増えるということは,誤差が大きくなるということなので,モデルとしては悪くなっているということです。誤差の増分が大きいということは,その説明変数をモデルから取り除かない方がよいということを意味します。それぞれのモデルの残差平方和から,以下のようにF値を計算します。

```
> Fvalue<-((RSS2-RSS1)/(4-3))/(RSS1/(50-4))
> Fvalue
[1] 82.59211
>
> pf(Fvalue,df1=1,df2=46,lower.tail=F)
[1] 7.779161e-12
```

F 値は 82.59,p 値は 7.78×10^{-12} なので,x_1 はモデルに含める方がよいと判断します。他の説明変数 x_2 と x_3 についても,同じように計算してモデルに含めるかどうかを判断します。ただし,何回も同じ計算をするのは面倒なので,R の関数を利用して一気に計算します。car パッケージの Anova() という関数（頭文字が大文字であることに注意してください）を使えば,すべての説明変数に対して同じ検定を行うことができます。

```
> library(car)

> Anova(model1,test.statistic="F")
Anova Table (Type II tests)

Response: y
          Sum Sq Df F value    Pr(>F)
x1        3838.5  1 82.5921 7.779e-12 ***
x2         118.2  1  2.5424    0.1177
x3           3.4  1  0.0724    0.7891
Residuals 2137.9 46
---
Signif. codes:  0 '***' 0.001 '**' 0.01 '*' 0.05 '.' 0.1 ' ' 1
```

library() 関数を使用して car パッケージを呼び出してから,Anova() 関数を使って検定を行います。出力を見ると,x_1 に関しては先ほどと同じ計算結果になっていて,x_1 を含めた方がモデルの誤差は小さくなるといえます。一方,x_2 と x_3 に関してはモデルに含めても誤差が有意に小さくなるとはいえません。これより,x_2 と x_3 は応答変数の予測には役に立たず,x_1 のみが予測に役立つと結論づけます。

検定のタイプ

ここまでは,すべての説明変数を含んだモデルから 1 つを取り除いたときに,モデルの残差平方和がどれくらい増えるかを調べて検定を行いました。この方法を,**タイプⅢ検定（type III test）** と呼びます。上記の Anova() 関数の出力では,「Type II test」と出力されていますが,この場合は,タイプⅢ検定とタイプⅡ検定の結果は同じになるので気にする必要はありません。タイプⅡ検定については,もう少し後から説明します。

タイプⅢ検定では,モデルから説明変数を取り除いたときに残差平方和がどれくらい増えるかに着目します。これに対して,モデルに説明変数を加えたときに,残差平方和がどれくらい減るかに着目する方法もあります。この方法を,**タイプⅠ検定（type I test）** と呼びます。

タイプⅠ検定では,まず切片だけのモデル (model0) の残差平方和を計算します。次に,model0 に x_1 を加えたときの残差平方和を計算します。この 2 つの残差平方和の差分を,x_1 の平方和 (SS_1) とします。

```
> model0 <- lm(y~1,data=d)
```

```
> RSS0 <- sum(model0$residuals^2)
> RSS0
[1] 6000.455

> model1 <- lm(y~x1,data=d)

> RSS1 <- sum(model1$residuals^2)
> RSS1
[1] 2261.579

> SS1 <- RSS0-RSS1
> SS1
[1] 3738.876
```

次に，x_2の平方和を計算しますが，今度はx_1を含むモデル（model1）に，x_2を追加したmodel2を作ります。model1とmodel2の残差平方和の差分を，x_2の平方和とします。

```
> model2 <- lm(y~x1 + x2,data=d)

> RSS2 <- sum(model2$residuals^2)
> RSS2
[1] 2141.242

> SS2 <- RSS1-RSS2
> SS2
[1] 120.3371
```

このようにして，説明変数をモデルに順次追加し，それぞれの平方和を計算していきます。すべての説明変数の平方和を計算したら，以下の式で，説明変数ごとにF値を求めて検定を行います。

$$F = \frac{SS_x}{RSS_{all}/(n-k_{all})}$$

RSS_{all}は，すべての説明変数をモデルに加えたときの残差平方和です。nはサンプルサイズで，k_{all}はすべての説明変数を加えたモデルのパラメータ数（つまり，説明変数の個数 + 1）です。これも，1つひとつ定義に沿って計算するのは面倒なので，Rの関数を使って一気に計算します。これは，anova()という関数で計算することができます（この関数は頭文字が小文字であることに注意してください）。計算すると，以下のようになります。

```
> model_all <- lm(y~x1 + x2 + x3,data=d)
```

```
> anova(model_all)
Analysis of Variance Table

Response: y
          Df Sum Sq Mean Sq F value   Pr(>F)
x1         1 3738.9  3738.9 80.4482 1.15e-11 ***
x2         1  120.3   120.3  2.5893   0.1144
x3         1    3.4     3.4  0.0724   0.7891
Residuals 46 2137.9    46.5
---
Signif. codes:  0 '***' 0.001 '**' 0.01 '*' 0.05 '.' 0.1 ' ' 1
```

モデルに必要な変数はx_1のみ，という結論は変わりません。ただし，平方和の値は，タイプⅢ検定とは異なっていることに注意しましょう。平方和の値が変わるということは，当然F値も変わるので，タイプⅢを使うかタイプⅠを使うかによって，検定の結果が変わることもありえます。

タイプⅠ検定は，帰無モデルに1つずつ説明変数を追加していきます。そのため，説明変数を入れる順番によっても結果が変わってくるので注意が必要です。特別な理由がない限りは，タイプⅢ検定を使用する方がよいでしょう。

4-6 説明変数が質的変数の場合

前節まではモデルの説明変数は量的変数でした。線形モデルでは，質的変数を説明変数にすることもできます。本節では，質的変数を説明変数としてモデルに入れる方法を説明します。

質的変数を説明変数にする

例えば，3つの実験条件（A，B，C）を用意して，それぞれの条件で20人ずつ参加者を集め，ある課題の得点を測定したとします。各条件での得点の平均値は，図4-8のようになったとします。条件によって得点の平均値が変化していることがわかります。

質的変数を説明変数として用いる場合，説明変数の各カテゴリのことを，**水準**（level）と呼びます。今回の例では，実験条件のA，B，Cというのが水準です。条件の水準から，得点の値を予測する線

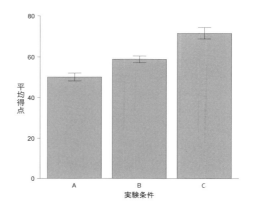

図4-8 各実験条件における得点の平均値
エラーバーは標準誤差。

形モデルを作ってみましょう。

ダミーコーディング

　質的変数は，量的変数のようにそのままモデル式に入れることはできません。そこで，ある工夫を行います。以下のようにモデル式を立てます。

$$y_i = \beta_0 + \beta_1 x_{i1} + \beta_2 x_{i2} + \beta_3 x_{i3} + \varepsilon_i$$

　ここで，x_{i1} は，i 番目のデータが条件 A のものであれば 1，そうでなければ 0 となる変数とします。このように，0 か 1 かをとる変数を用いて質的変数を表現することを，**ダミーコーディング（dummy coding）** と呼び，導入する変数を **ダミー変数（dummy variable）** と呼びます。ダミー変数を利用すると，3 つの条件は以下のように表現されます。

$$条件 A：(x_1, x_2, x_3) = (1, 0, 0)$$
$$条件 B：(x_1, x_2, x_3) = (0, 1, 0)$$
$$条件 C：(x_1, x_2, x_3) = (0, 0, 1)$$

　しかし，実はこのままではモデルのパラメータ推定はうまくいきません。なぜなら，3 つの条件を表現するために 3 つのダミー変数を設定すると，3 つのうち 2 つが決まった時点で，残りの 1 つは自動的に決まってしまうからです。例えば，x_1 が 1 で，x_2 が 0 であれば，x_3 は確実に 0 となります。これは，多重共線性が起こっていることになります。この問題を解決するには，2 種類の方法があります。

端点制約によるパラメータ化

　ダミーコーディングの際に多重共線性を回避するための方法の 1 つは，$\beta_1 = 0$ としてしまう方法です。そうすると，モデル式は以下のようになります。

$$y_i = \beta_0 + \beta_2 x_{i2} + \beta_3 x_{i3} + \varepsilon_i$$

　$\beta_1 = 0$ とすると，ダミー変数は 1 つ減り，多重共線性の問題はなくなります。この方法を，**端点制約によるパラメータ化（corner-point parameterization）** と呼びます。ちなみに，0 に設定するのは必ず β_1 でなくてはならないわけではなく，$\beta_1, \beta_2, \beta_3$ のどれでも構いません。

　端点制約によるパラメータ化を行った場合，モデルのデザイン行列はどうなるかを見てみましょう。model.matrix() 関数で，デザイン行列を作ってみます。

```
> X<-model.matrix(~condition,data=d)
```

　各条件の参加者はどのように表現されているかを説明するために，デザイン行列の一部を取り出してみます。

```
> #A 条件の参加者
> X[1,]
(Intercept) conditionB conditionC
          1          0          0
```

```
> #B 条件の参加者
> X[21,]
 (Intercept) conditionB conditionC
          1          1          0

> #C 条件の参加者
> X[41,]
 (Intercept) conditionB conditionC
          1          0          1
```

1列目は切片を表しているので,どの条件の参加者も1です.2列目は,B条件の参加者では1,それ以外の条件の参加者では0となります.3列目は,C条件の参加者では1,それ以外の条件の参加者では0となります.A条件の参加者では,2列目と3列目の両方が0になります.

零和制約によるパラメータ化

多重共線性を防ぐためのもう1つの方法として,$\beta_1+\beta_2+\beta_3=0$とする,という方法もあります.$\beta_1+\beta_2+\beta_3=0$とすると,$\beta_3=-\beta_1-\beta_2$となります.これをモデル式に代入して整理すると,以下のようになります.

$$y_i=\beta_0+\beta_1(x_{i1}-x_{i3})+\beta_2(x_{i2}-x_{i3})+\varepsilon_i$$

この方法を,**零和制約によるパラメータ化**(sum-to-zero constraint parameterization)と呼びます.端点制約,零和制約どちらを使っても,パラメータの数は1つ減ることになります.

零和制約でパラメータ化した場合のデザイン行列は,どうなるでしょうか.model.matrix()関数では,以下のようにすると,零和制約を設けた場合のデザイン行列を作ることができます.

```
> X <-model.matrix(~condition,data=d,
+ contrasts=list(condition="contr.sum"))
```

「contrasts」という引数を加えています.先ほどと同じように,各条件の参加者がどのように表現されているかを見てみましょう.

```
> #A 条件の参加者
> X[1,]
 (Intercept) condition1 condition2
          1          1          0

> #B 条件の参加者
> X[21,]
 (Intercept) condition1 condition2
```

```
                    1          0            1
> #C 条件の参加者
> X[41,]
(Intercept) condition1 condition2
          1         -1         -1
```

1列目は先ほどと同じで、どの条件でも1です。A条件の参加者では、2列目は1−0=1、3列目は0−0=0となります。B条件の参加者では、2列目は0−0=0、3列目は1−0=1となります。C条件の参加者では、1列目も2列目も0−1=−1となります。

パラメータ推定

モデル式を立てたら、パラメータの推定を行います。説明変数が質的変数の場合も、これまで通り最小二乗法で推定できます。Rのlm()関数では、質的な説明変数を自動的にダミー変数に変換してくれます。デフォルトでは、端点制約によるパラメータ化が行われます。

```
> model1<-lm(score~condition,data=d)
> model1


Call:
lm(formula = score ~ condition, data = d)

Coefficients:
(Intercept)   conditionB   conditionC
      50.10         8.75        21.55
```

説明変数が質的変数の場合、パラメータの解釈が量的変数の場合とは少し異なります。端点制約によるパラメータ化が行われている場合、切片は、ダミー変数がどちらも0である場合のモデルの予測値ですから、条件Aの得点の予測値ということになります。したがって、上記で「Intercept」として出力されている値50.10は、条件Aの得点の予測値ということになります。

切片以外のパラメータの値は、条件Aと比べたときに値がどれくらい変化するかを意味しています。つまり上記の例だと、条件Bでは条件Aに比べて得点が8.75点増加し、条件Cでは条件Aに比べて得点が21.55点増加すると予測される、という意味です。

では、零和制約によるパラメータ化を行うとどうなるでしょうか。lm()関数では、model.matrix()関数と同じように、contrastsという引数を指定することで、零和制約によるパラメータ化もできます。

```
> model2<-lm(score~condition,data=d,
+ contrasts=list(condition="contr.sum"))
> model2
```

```
Call:
lm(formula = score ~ condition, data = d, contrasts = list(condition = "contr.sum"))

Coefficients:
 (Intercept)   condition1   condition2
       60.20       -10.10        -1.35
```

model1 と model2 ではモデル式が異なるので，パラメータの推定値も異なります。しかし，この2つのモデルは形式が異なるだけで，実質的には同じものです。model2 による条件 A の予測値は，$x_1=1, x_2=0, x_3=0$ をモデル式に代入して，60.20−10.10=50.10となります。このように，端点制約か零和制約かによって，モデル式とパラメータの値は変化しますが，モデルによる予測値は一致します。ちなみに，零和制約でモデル化したときの切片の値は，すべての条件をまとめて計算した標本平均と一致します。

端点制約でも零和制約でも，モデルの予測値は変わりません。どちらでもよければ，端点制約の方がパラメータの値の意味がわかりやすくてよいように思われます。しかし，実は場合によっては，零和制約でパラメータ化しないと適切な結果が得られないこともあります。これについては，もう少し後で説明します。

パラメータの標準誤差と信頼区間

説明変数が質的変数の場合も，summary() 関数を使用すると，パラメータの標準誤差の値が求められます。また，confint() 関数を利用してパラメータの信頼区間を求めることもできます。

```
Coefficients:
            Estimate Std. Error t value Pr(>|t|)
(Intercept)   50.100      2.184  22.941  < 2e-16 ***
conditionB     8.750      3.088   2.833  0.00636 **
conditionC    21.550      3.088   6.978 3.47e-09 ***
---
Signif. codes:  0 '***' 0.001 '**' 0.01 '*' 0.05 '.' 0.1 ' ' 1

> confint(model1)
                 2.5 %     97.5 %
(Intercept) 45.726911  54.47309
conditionB   2.565519  14.93448
conditionC  15.365519  27.73448
```

検定

説明変数をモデルに含めるか否かを検定によって判断したい場合，量的変数の場合と同

じように，帰無モデルとの残差平方和を比較して F 値を求めます。これも前節と同様に，car パッケージの Anova() 関数で実行することができます。

```
> library(car)

> Anova(model1,test.statistic="F")
Anova Table (Type II tests)

Response: score
          Sum Sq Df F value    Pr(>F)
condition 4698.7  2   24.63 1.953e-08 ***
Residuals 5436.9 57
---
Signif. codes:  0 '***' 0.001 '**' 0.01 '*' 0.05 '.' 0.1 ' ' 1
```

この検定は，実験条件によって得点の母平均が異なるかどうかを検定しているのと同じことです。複数の群の母平均の差の検定は，**分散分析**（analysis of variance: ANOVA）と呼ばれます。

4-7 交互作用

複数の説明変数をモデルに入れるときには，それらの組み合わせの効果が問題になる場合もあります。本節では，そのような交互作用について説明します。

交互作用

複数の質的な説明変数をモデルに入れることも可能です。質的な説明変数を複数扱う場合，変数間の**交互作用**（interaction）を考えることがあります。交互作用とは，説明変数の水準の組み合わせの効果のことを指します。

例として，2種類の説明変数 A と B があり，どちらも 2 水準であるとします。A と B に交互作用がない場合と，ある場合のグラフの例をそれぞれ図 4-9 に示します。

A と B はそれぞれ 2 水準なので，各変数の水準の組み合わせは 2×2＝4 通りあります。その 4 通りの組み合わせの得点の平均値を，棒グラフで示したのが図 4-9 です。(a) と (b) は交互作用がない場合のグラフで，(c) と (d) は交互作用がある場合のグラフです。

図 4-9 の (a) では，a1 と a2 の間には平均点に差がありますが，b1 と b2 の間にはありません。つまり，A の効果はあるけれども，B の効果はないということになります。同じように，図 4-9 の (b) では，B の効果はあるけれども，A の効果はないということになります。

一方，図 4-9 の (c) を見てみましょう。水準 a1 では，b1 と b2 の間に差がある，つまり B の効果があります。しかし，水準 a2 では b1 と b2 の間に差がありません。このように，片方の要因の水準によって，もう片方の要因の効果が異なっている場合，要因間に交互作用があると表現されます。

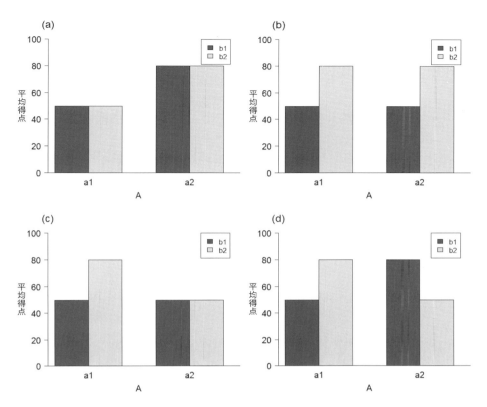

図 4-9 交互作用がない場合とある場合のグラフの例
(a)と(b)は交互作用がない場合，(c)と(d)は交互作用がある場合を示す。

図 4-9 の (d) では，水準 a1 では b1 < b2 となっていますが，水準 a2 では逆に b1 > b2 となっています。このように，片方の要因の水準によってもう片方の要因の効果が逆になっているような場合も，交互作用があると表現します。交互作用をモデルに含める場合，説明変数単独の効果のことを，**主効果（main effect）** と呼びます。

交互作用をモデルに含める

交互作用は，どのようにモデル式に入れればよいでしょうか。仮想データを使用して説明します。2 つの実験条件（control と test）を用意し，それぞれ男女 10 名ずつ，合計 40 名を集めてデータをとったとします。男女別に各条件での得点の平均値をグラフにしたところ，図 4-10 のようになったとします。

図 4-10 を見ると，女性では，条件間で得点に変化はありません。一方，男性では，テスト条件でコントロール条件に比べて得点が伸びています。つまり，性

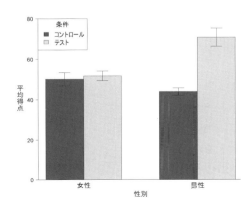

図 4-10 **各性別における各条件の得点の平均値**
エラーバーは標準誤差。

別によって条件の効果が異なっています。このデータについて，条件と性別，そして交互作用を含めたモデルを作ってみます。モデル式は，以下のようになります。

$$y_i = \beta_0 + \beta_1 x_{i1} + \beta_2 x_{i2} + \gamma x_{i1} x_{i2} + \varepsilon_i$$

上式では，端点制約によるパラメータ化を行っています。x_{i1} は条件を表すダミー変数，x_{i2} は性別を表すダミー変数です。γ が，交互作用を表すパラメータです。式を見ると，交互作用は，説明変数の積として表されていることがわかります。交互作用を入れたモデルの，Rでの書き方は以下のようになります。

```
> model1<-lm(score~condition*gender,data=d)
```

交互作用を含めたいときは，説明変数をアスタリスク（*）でつなぎます。あるいは，以下のような書き方もあります。

```
> model1<-lm(score~condition + gender + condition:gender,data=d)
```

説明変数をコロン（:）でつないで，交互作用を表します。書き方が違うだけで，意味は上と同じですので，どちらの書き方をしても結果はまったく同じになります。パラメータの推定値は，以下のようになります。

```
> model1

Call:
lm(formula = score ~ condition + gender + condition:gender, data = d)

Coefficients:
         (Intercept)              conditiontest                gendermale
               50.13                       1.68                     -6.11
conditiontest:gendermale
                   25.15
```

モデルに交互作用が入っている場合，パラメータの値の解釈は難しくなります。例えば，条件のパラメータを見て，テスト条件ではコントロール条件に比べて得点が1.68点上がる，といったような単純な解釈はできません。モデルに交互作用が入っているときは，説明変数単独で効果を議論することはできないということになります。

タイプⅡ検定

4-6節では，説明変数が複数あるモデルの検定を行う方法として，タイプⅢ検定とタイプⅠ検定を紹介しました。モデルに交互作用が含まれているときには，さらに，**タイプⅡ検定（type II test）** という選択肢があります。

タイプⅢ検定は，モデルから説明変数を取り除いたときに誤差がどれだけ増えるかに着目する方法です。それに対して，タイプⅠ検定は，モデルに説明変数を加えたときに誤差がどれだけ減るかに着目する方法です。タイプⅡ検定は，方針としてはタイプⅢ検定と同

じです。ただし，交互作用の扱い方がタイプⅢとは異なります。

　タイプⅡ検定では，まずすべての主効果をモデルに含めます。すべての主効果を含むモデルから，主効果を1つ取り除いたときの残差平方和の増分を求めて，それをその説明変数の効果とします。次に，すべての主効果と交互作用を含むモデルから，交互作用を取り除いたときの残差平方和の増分を求めて，それを交互作用の効果とします。このように，まず主効果を求めてから，交互作用の効果を求めるのが，タイプⅡ検定です。主効果と交互作用の間に優先順位をつけている（交互作用よりも主効果が先）と考えてもよいかもしれません。

　一方，タイプⅢ検定では，主効果と交互作用に優先順位はつけません。主効果も交互作用もすべて含めたモデルから，1つを取り除いたときの残差平方和の増分を求めます。

　タイプⅡ検定とタイプⅢ検定の違いは，交互作用の扱い方だけなので，モデルに交互作用を入れない場合はまったく同じ結果になります。また，データが**釣り合い型**（balanced data）である場合も，両者の結果は一致します。釣り合い型データとは，要因の水準のすべての組み合わせで，サンプルサイズが揃っているデータのことです。例えば，先ほどの仮想データでは，コントロール条件でもテスト条件でも男女の人数は10名でしたから，これは釣り合い型データといえます。

　要因の水準の組み合わせによってサンプルサイズが異なる場合は，**非釣り合い型データ**（unbalanced data）と呼ばれます。この場合は，タイプによって結果が一致しないので，注意が必要です。非釣り合い型データのときにどちらのタイプを使うのがよいかは難しい問題で，一概にどちらがよいともいえません。要注意なのは，タイプⅢ検定を行いたいときには，モデル式を立てるときに零和制約でパラメータ化する必要があるということです。特に，Rのlm()関数で分析をする場合は，デフォルトが端点制約になっているので注意しましょう。タイプⅡとタイプⅢのどちらがよいかに関する議論は，井関龍太先生のWebページ（http://riseki.php.xdomain.jp/index.php?FrontPage）でもまとめられています。

非釣り合い型データの分析

　試しに，非釣り合い型の仮想データを使って，タイプⅡ検定とタイプⅢ検定をやってみましょう。先ほどの例と同じく，条件と性別という2つの説明変数がある非釣り合い型データを使用して説明します。

```
> table(d$condition,d$gender)

          female male
  control    8    9
  test       9   10
```

　コントロール条件では女性が8人，男性が9人，テスト条件では女性が9人，男性が10人と，各セルの人数が不揃いなので，非釣り合い型データです。このデータに対して線形モデルをあてはめ，タイプⅡ検定とタイプⅢ検定をやってみます。

```
> model1<-lm(score~condition*gender,data=d,
+ contrasts=list(condition="contr.sum",gender="contr.sum"))
```

零和制約でパラメータ化しています。零和制約でないとタイプⅢ検定が正しく行われないので、注意しましょう。carパッケージのAnova()関数を使って、タイプⅡ検定とタイプⅢ検定をそれぞれやってみます。

```
> library(car)
>
> # タイプII検定
> Anova(model1,test.statistic="F")
Anova Table (Type II tests)

Response: score
                Sum Sq Df F value    Pr(>F)
condition       1822.3  1 17.3077 0.0002228 ***
gender           436.4  1  4.1443 0.0501238 .
condition:gender 1584.3 1 15.0468 0.0004914 ***
Residuals       3369.3 32
---
Signif. codes:  0 '***' 0.001 '**' 0.01 '*' 0.05 '.' 0.1 ' ' 1
>
> # タイプIII検定
> Anova(model1,test.statistic="F",type=3)
Anova Table (Type III tests)

Response: score
                 Sum Sq Df  F value    Pr(>F)
(Intercept)      105590  1 1002.8569 < 2.2e-16 ***
condition          1632  1   15.4992 0.0004180 ***
gender              347  1    3.2969 0.0787906 .
condition:gender   1584  1   15.0468 0.0004914 ***
Residuals          3369 32
---
Signif. codes:  0 '***' 0.001 '**' 0.01 '*' 0.05 '.' 0.1 ' ' 1
```

Anova()関数のデフォルトは、タイプⅡ検定です。タイプⅢ検定にしたい場合は、「type = 3」と指定します。タイプⅢ検定の場合は、切片についても検定が行われますが、切片を含めるかどうかを検定で議論することはあまりないので、気にしなくても構いません。

結果を見比べると、平方和の値が異なることがわかります。平方和の値が異なるという

ことは，当然 F 値も異なるので，結論が変わることもありえます．今回の場合に，タイプⅡでもⅢでも同じ結論になります．ちなみに，交互作用の検定結果は，タイプⅡでもⅢでもまったく同じになります．

交互作用をモデルに含めるか？

　説明変数が複数あるときには，必ずしも交互作用項を含めなければならないわけではありません．交互作用項を入れるかどうかは，研究のデザインによって分析者が決められます．

　場合によっては，交互作用が研究の関心であることもあります．例えば性別によって薬の効果が変わるかとか，年代によって実験条件の効果が異なるか，といったことが知りたい場合は，交互作用をモデルに入れてその効果を調べます．しかし，単純に複数の説明変数をモデルに入れたいだけで交互作用に関心はなく，理論上も交互作用はないと考えられる場合は，モデルに含めなくても構いません．

　交互作用をモデルに含めると，パラメータの解釈が難しくなります．また，タイプⅡ検定かタイプⅢ検定かという問題も出てきて何かと話がややこしくなります．今回は説明変数が2つの場合しか説明しなかったので，2つの変数間の交互作用しか出てきませんでした．しかし，もし3つ以上の説明変数をモデルに入れるならば，交互作用は複数になります．さらに，より高次の交互作用（3つ以上の変数間の交互作用）まで出てきます．そのような高次の交互作用は，解釈が非常に困難です．また，説明変数がたくさんあるときには，データを釣り合い型にするのが容易ではなく，非釣り合い型データになりがちなので，ますます話はややこしくなっていきます．

　したがって，交互作用に特に関心がない場合は，必ずしもモデルに含めなくても構いません．ただし，分析をする前に説明変数間に交互作用がないかどうか，グラフを描くなどして確認しておいた方がよいでしょう．

　また，本書では質的変数同士の交互作用のみを扱いましたが，質的変数と量的変数の間の交互作用を考えることもできます．これについては，粕谷（2012）に詳しい解説があります．

交絡

　説明変数が複数ある場合，説明変数同士の**交絡**（confounding）にも注意が必要です．交絡とは，2つの説明変数が共変関係にあり，それぞれの影響を分離できない状態のことを指します．

　例えば，2つの実験条件を用意して，それぞれの条件の得点を比較したとします．しかし，片方の条件の参加者は女性ばかりで，もう片方の条件の参加者は男性ばかりだったとします．このような場合，たとえ条件間で得点に違いが見られたとしても，条件による影響なのか，性別による影響なのかがわかりません．

　このような交絡を避けるためには，釣り合い型になるようにデータを集める必要があります．しかし，現実にはやむをえない事情で非釣り合い型データになってしまうこともよくあります．非釣り合い型データになっても分析ができなくなるわけではありませんが，検定方法などでややこしい問題も出てきます．データ収集の段階では，できる限り釣り合

い型になるように工夫をしましょう。

4-8 線形モデルのまとめ

本章の最後に，線形モデルによる分析の手順をまとめ，論文やレポートを書く際の注意点を説明します。また，分析方法の名称についても説明します。

線形モデルによる分析の手順

本章では線形モデルについて説明してきました。線形モデルによる分析の手順をまとめると，以下のようになります。

1. モデル式を立てる
   - 応答変数を，説明変数とパラメータの式で表す
2. パラメータを推定する
   - 最小二乗法でパラメータの推定値を求める
   - パラメータの標準誤差や信頼区間を求める
3. モデルを評価する
   - 検定を行う
   - モデルの診断を行う

論文やレポートでの書き方

線形モデルによる分析を行い，それを論文やレポートで報告するときの書き方を説明します。論文の書き方は，学問分野によっても異なりますが，「序論・方法・結果・考察」という4つのセクションに分かれていることが一般的です。ここでは，線形モデルによる分析を行ったときの，「方法」と「結果」の書き方について説明します。

「方法」のセクションでまず必須なのは，サンプルサイズ，応答変数，説明変数の情報です。説明変数については，量的か質的か，また，複数ある場合は，交互作用をモデルに含めたかどうかを記述します。次に，パラメータの推定方法を記述します。線形モデルの場合，通常は最小二乗法です。分析に使用したソフトウェアや，関数の情報なども記載があるとよいでしょう。検定を行う場合は，どの検定を使用したか，有意水準はいくらに設定したかなども記載します。

「結果」のセクションでは，パラメータの推定値を示します。推定値だけでなく，標準誤差や信頼区間も示すようにしましょう。可能であれば，すべての説明変数について，パラメータ推定値，標準誤差，信頼区間を表にして示すのが望ましいです。Rのlm()関数を使用した場合，以下のようにすると，lmオブジェクトからパラメータの推定値と標準誤差を取り出せます。

```
> model1<-lm(y~x1+x2+x3,data=d)

> summary(model1)$coefficients[,1:2]
```

```
              Estimate Std. Error
(Intercept) 21.47991712  8.79229900
x1           0.72959612  0.08028108
x2          -0.16684854  0.10464002
x3           0.03043136  0.11308380
```

lmオブジェクトから取り出したパラメータ推定値および標準誤差と，confint()関数で計算した信頼区間を結合した表を作ります。結合には，cbind()という関数を使用します。

```
> cbind(summary(model1)$coefficients[,1:2],
+ confint(model1))
              Estimate Std. Error      2.5 %     97.5 %
(Intercept) 21.47991712  8.79229900  3.7819372 39.17789708
x1           0.72959612  0.08028108  0.5679987  0.89119356
x2          -0.16684854  0.10464002 -0.3774780  0.04378089
x3           0.03043136  0.11308380 -0.1971945  0.25805723
```

できあがった表を，CSVファイルとして出力します。CSVファイルの出力には，write.csv()関数を使用します。出力したいオブジェクトの名前と，ファイル名を指定します。

```
> result_table <-cbind(summary(model1)$coefficients[,1:2],
+ confint(model1))
>
> write.csv(result_table,"table1.csv")
```

ファイルは，「ディレクトリの変更」で選択したフォルダに出力されます。出力されたファイルの形式を整えたものが，表4-1です。

パラメータの推定値を示したら，検定結果を記載します。検定結果を記載するときには，検定統計量，自由度，p値を示します。書き方にも様々な形式がありますが，例えば，F値を使った検定の場合，以下のようになります。

$$F(1, 32)=3.30, p=0.079$$

上記の例では，Fの後にカッコを付け，その中に分子の自由度と分母の自由度を記載しています。検定統計量やp値は，ソフトウェアを使うとかなり小さい桁数まで出力されることもありますが，あまり小さい桁数まで表記してもそれほど意味はありませんし，煩雑になるので，適当なところで四捨五入して示すようにしましょう。通常は，小数点以下第2位や第3位くらいまでを示すことが多いです。

モデルの名前の呼び方

ここまで紹介してきたモデルは，すべて以下の式で表すことができます。

$$\boldsymbol{y}=\boldsymbol{Xb}+\boldsymbol{e}$$

従来は，説明変数が量的変数である場合は，**回帰分析**（regression analysis），質的変

表 4-1 4-3 節の分析結果の記載例

	推定値	標準誤差	95% 信頼区間	
			下限	上限
切片	21.48	8.79	3.78	39.18
x_1	0.73	0.08	0.57	0.89
x_2	−0.17	0.10	−0.38	0.04
x_3	0.03	0.11	−0.20	0.26

数である場合は，**分散分析**（analysis of variance: ANOVA）と呼ばれてきました。名前が異なると違う分析のように見えますが，すべて上の式で表現できるので，本質的には同じものです。デザイン行列の作り方に少し違いはありますが，説明変数とパラメータの線形式で応答変数を予測しようとする点，誤差は正規分布すると仮定している点は，まったく同じです。

　説明変数に，質的変数と量的変数の両方を入れることもできます。その場合は，**共分散分析**（analysis of covariance: ANCOVA）と呼ばれることもあります。この場合も，基本的な考え方は同じです。

　誤差が正規分布すると仮定している線形モデルのことを総称して，「一般線形モデル（general linear model）」と呼ぶこともあります。しかし，この用語は，次章で説明する**一般化線形モデル**（generalized linear model）と混同しやすいので避けた方がよいでしょう。どちらも，省略すると「GLM」になってしまうので，誤解を招きやすいです。正規分布を仮定していることを強調したいのであれば，**正規線形モデル**（normal linear model）という呼び方の方が，より適切かもしれません。

一般化線形モデルへ

　正規線形モデルでは，応答変数が正規分布しているという仮定を置きました。しかし，この仮定は，何の疑いもなく設定してよいものではないということは，4-4 節で説明しました。どんな応答変数でも正規分布すると考えるのは，無理があります。

　応答変数の分布として，正規分布以外の確率分布も扱いたい場合もあります。そのような場合に使える方法として，次章では一般化線形モデルを紹介します。

第5章
一般化線形モデル

> 第4章では，変数を直線で予測する，線形モデル（LM）について解説しました。本章では，線形モデルの発展形である，一般化線形モデル（GLM）について解説します。GLM を使用することによって，正規分布以外の確率分布を扱うこともできるようになり，よりデータの特性に合わせた分析ができるようになります。

5-1 線形モデルを一般化する

本章からは，**一般化線形モデル**（generalized linear model）について解説します。一般化線形モデルは，線形モデルを「一般化」したもので，頭文字をとって **GLM** と表記されることが多いです。本節ではまず，線形モデルを「一般化」するとはどういうことかについて説明します。

比率を予測する

例として，以下のような仮想データを用います。ある薬の効果を調べるために，薬の量を 0.5〜5.0 まで 0.5 刻みで変化させ，それぞれ 20 人の患者に投与し，20 人中何人が回復したかを調べたとします。以下のデータフレームの x が薬の量，y が回復した人数，total が投与した人の総数，P が回復した人の比率（y を total で割った値）とします。このとき，薬の量から回復率を予測するモデルを作ってみましょう。

```
> d
    x  y total    P
1 0.5  5    20 0.25
2 1.0 10    20 0.50
3 1.5 11    20 0.55
4 2.0 12    20 0.60
```

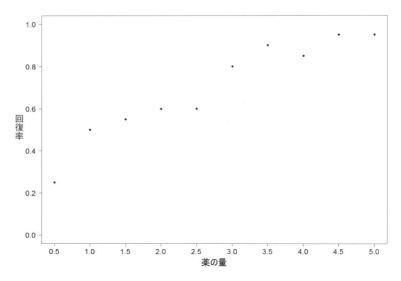

図 5-1　薬の量と回復率

```
5  2.5 12   20 0.60
6  3.0 16   20 0.80
7  3.5 18   20 0.90
8  4.0 17   20 0.85
9  4.5 19   20 0.95
10 5.0 19   20 0.95
```

　薬の量（x）を横軸，回復した人の比率（P）を縦軸にしてグラフを描くと，図 5-1 のようになります。薬の量が多くなるにつれて，回復率も上がっていくことがわかります。

　まず，線形モデルで，薬の量から回復率を予測してみます。前章と同じように lm() 関数を使って切片と傾きを求め，図に直線を追加してみます。

```
> model1<-lm(P~x,data=d)
> model1

Call:
lm(formula = P ~ x, data = d)

Coefficients:
(Intercept)            x
     0.2933       0.1461
```

　求めた直線を描きこんだものが図 5-2 です。一見，直線でうまく予測できているように見えます。しかし，図 5-2 をよく見ると，おかしいところがあります。今回の応答変数は，回復率です。回復率は比率なので，0 から 1 までの値しかとりえません。図 5-2 の直線をよく見ると，薬の量が 5.0 のときの予測値が 1 を超えてしまっています。以下のように，

5-1 線形モデルを一般化する

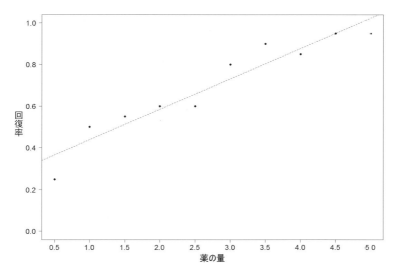

図 5-2　図 5-1 に直線を書き込んだもの

predict() 関数を使って，x が 5 のときのモデルの予測値を計算すると，1.02 となっています。

```
> predict(model1,newdata=list(x=5))
     1
1.023636
```

比率を予測するモデルなのに，予測値が 1 を超えてしまうのは不合理です。比率のデータに直線をあてはめるのは，よくないということになります。では，回復率を予測するモデルを作るにはどうすればよいでしょうか。

二項分布を使ってモデル式を立てる

モデルを立てる前に，今回の応答変数がどのような性質をもつかについて考えてみましょう。今回のデータは，ある量の薬を 20 人に投与したときに，20 人中何人が回復したか，というものです。回復したということは，治療が成功したということなので，20 回中何回治療が成功したか，と読み替えることもできます。また，20 人はそれぞれ別の人ですから，ある人に対する治療が，他の人の治療の結果に影響を及ぼすことはないと考えられます。したがって，今回のデータは，独立な 20 回の試行を行い，そのうち何回成功したかを見ていることになります。

独立な試行を複数回行ったときの成功数は，第 2 章で取り上げた二項分布に従うと考えられます。そこで，回復者数が二項分布に従うと仮定してみましょう。回復者数を y_i として，y_i が以下のような二項分布に従うと考えます。

$$y_i \sim Binomial(20, q_i)$$

今回は，20 人に薬を投与していますから，二項分布のパラメータ N は 20 になります。q_i は，1 回の治療の成功率を示すパラメータです。二項分布 $Binomial(N, p)$ の期待値は Np ですから，回復者数の期待値は以下のようになります。

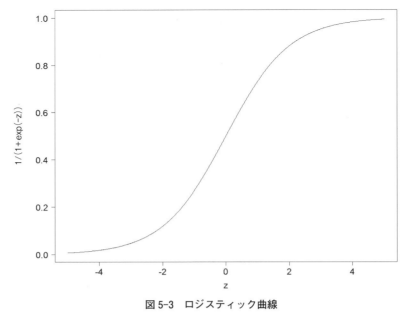

図5-3 ロジスティック曲線

$$E(y_i) = 20 \times q_i$$

治療1回の成功率q_iがわかれば，回復者数の期待値を求めることができます。ここで，q_iを以下のような式で表します。

$$q_i = \frac{1}{1 + \exp(-z_i)}$$

唐突に式が出てきましたが，上の式では，q_iを，変数z_iの値によって変化する関数として表現しています。この関数は，**ロジスティック関数（logistic function）** と呼ばれます。

なぜここで突然ロジスティック関数をもち出したかというと，ロジスティック関数は，変数zがどんな値をとっても必ず0と1の間におさまるからです。グラフにすると，図5-3のような曲線を描きます。この曲線は，**ロジスティック曲線（logistic curve）** と呼ばれます。このような性質があるので，0から1までの値しかとらない成功率を表現するのに適しているというわけです。ちなみに，このような性質をもつ関数はロジスティック関数以外にもあります。したがって，ロジスティック関数以外の関数を利用することもできますが，本書ではロジスティック関数を利用する方法を紹介します。

線形予測子と連結関数

ここまでの流れをいったん整理しましょう。まず，応答変数である回復者数y_iは，二項分布 $Binomial(20, q_i)$ に従うと仮定しました。そして，治療の成功率であるq_iを，変数z_iの値によって変化するロジスティック関数で表現しました。次に，ロジスティック関数の変数であるz_iを，以下の式で表します。

$$z_i = \beta_0 + \beta_1 x_i$$

ここで非常に見慣れた式が出てきました。パラメータと説明変数x_iの線形式，つまり線形モデルの直線の方程式です。これでようやく，応答変数と説明変数がつながりました。説明変数x_iの値が変化すると，治療の成功率q_iが変化し，結果として回復者数y_iが変化す

る，というモデルになります。

パラメータと説明変数の線形式z_iのことを，**線形予測子**（linear predictor）と呼びます。線形予測子と二項分布のパラメータq_iの関係は，以下のように表すこともできます。

$$\log\left(\frac{q_i}{1-q_i}\right)=\beta_0+\beta_1 x_i$$

上式の左辺は，**ロジット関数**（logit function）と呼ばれます。ロジット関数は，ロジスティック関数の逆関数です。成功率q_iのロジットが，線形予測子になります。これは，ロジット関数を使用して，二項分布のパラメータと線形予測子を結び付けていることになります。このように，確率分布のパラメータと線形予測子を結びつける役割をする関数のことを，**連結関数**（link function）と呼びます。

一般化線形モデル

連結関数を使って線形予測子と二項分布を結びつけることにより，説明変数から応答変数を予測するモデルを作ることができました。この方法を使うと，正規分布以外の確率分布と線形予測子を結びつけることが可能になります。つまり，正規分布以外の確率分布に従う応答変数も，線形モデルの枠組みの中で扱えるようになります。応答変数が従う（と仮定する）確率分布と線形予測子を，連結関数によって結びつけたモデルのことを，**一般化線形モデル**（generalized linear model: GLM）と呼びます。

先ほどの例では，ロジット関数を連結関数として，二項分布と線形予測子を結びつけました。二項分布を利用した一般化線形モデルのことを，**ロジスティック回帰分析**（logistic regression analysis）と呼ぶこともあります。ちなみに，応答変数が正規分布すると仮定する場合，モデルは以下のようになります。

$$y_i \sim N(\mu_i, \sigma^2)$$
$$E(y_i)=\mu_i=\beta_0+\beta_1 x_i$$

これは，線形モデルとまったく同じ式です。したがって，線形モデルも，一般化線形モデルの中に含まれます。応答変数が従う正規分布の平均μ_iが，そのまま線形予測子になっています。この場合は，恒等関数$f(x)=x$が，連結関数になっていると考えることができます。

すべての一般化線形モデルは，以下のように表すことができます。

$$E(y_i)=\theta_i$$
$$g(\theta_i)=\boldsymbol{x}_i'\boldsymbol{b}$$

応答変数y_iの期待値を，θ_iとします。θ_iの関数g（これが連結関数です）が，線形予測子で表されます。$\boldsymbol{x}_i$はデザイン行列のi番目の行，$\boldsymbol{b}$はパラメータベクトルです。連結関数を工夫することによって，様々な確率分布と線形予測子を結びつけることができます。

5-2 尤度と最尤推定

前節では，連結関数を利用して，線形予測子と確率分布を結びつけました。ここからは，モデルのパラメータを推定する方法を説明していきます。

一般化線形モデルのパラメータ推定

線形モデルでは，パラメータの推定に最小二乗法を用いました。一般化線形モデルでは，**最尤法**（maximum likelihood method）を使用してパラメータを推定します。

最尤法とは何かを説明するには，**尤度**（likelihood）の概念を説明する必要があります。「尤」という字は，「尤も」と送り仮名をふって，「もっとも」と読みます。「彼の言うことはもっともらしい」などというときの，「もっとも」です。したがって，尤度とは，とても大雑把にいえば，モデルの「もっともらしさ」を表す指標です。「もっともらしい」モデルとは，観測されたデータによくあてはまるモデルのことを指します。最尤法では，モデルの尤度が最大になるようにパラメータの値を推定します。

尤度と最尤推定

もう少し詳しく説明するために，簡単な例題をやってみましょう。表が出る確率が未知であるコインがあり，このコインを投げる試行を10回行うとします。10試行を1セットとして，3セット行ったところ，1セット目では10回中6回，2セット目では7回，3セット目では5回表が出たとします。

コインを投げる試行を10回行ったときに表が出る回数は，表が出る確率をpとすると，二項分布$Binomial(10, p)$に従います。このとき，尤度$L(p)$は以下の式で求められます。

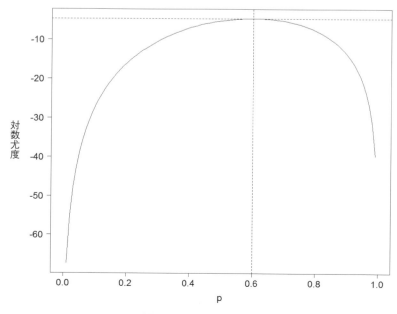

図5-4 対数尤度関数

$$L(p)=\binom{10}{6}p^6(1-p)^{10-6}\binom{10}{7}p^7(1-p)^{10-7}\binom{10}{5}p^5(1-p)^{10-5}$$

　式を見るとわかるように，二項分布 $Binomial(10, p)$ において，表が6回出る確率，7回出る確率，5回出る確率をかけたもの（同時確率）になっています。この同時確率を，p の関数と見たものが尤度です。そのため，尤度のことを**尤度関数（likelihood function）** と呼ぶこともあります。この尤度関数を最大にする p の値を求め，それを p の推定値とするのが，最尤法です。

　実際に計算をするときには，尤度の対数をとったもの（**対数尤度：log likelihood**）を求め，それを最大にする値を求めます。対数をとると，掛け算が足し算になるので計算が楽になるからです。例題の対数尤度関数は，図5-4のようになります。

　図5-4を見ると，対数尤度関数が最大になるのは，$\hat{p}=0.60$ のときであることがわかります。したがって，コインの表が出る確率は，0.60と推定されます。

一般化線形モデルのパラメータ推定

　一般化線形モデルのパラメータも，最尤法を使って推定できます。Rでは，glm() という関数を使用します。薬の量と回復者数のデータに一般化線形モデルをあてはめ，パラメータの推定値を求めてみましょう。

```
> d
   x   y total   P
1  0.5  5   20 0.25
2  1.0 10   20 0.50
3  1.5 11   20 0.55
4  2.0 12   20 0.60
5  2.5 12   20 0.60
6  3.0 16   20 0.80
7  3.5 18   20 0.90
8  4.0 17   20 0.85
9  4.5 19   20 0.95
10 5.0 19   20 0.95

> model1<-glm(cbind(y,total-y)~x,family=binomial,data=d)
```

　lm() 関数のときと同様に，モデル式を引数に入れます。今回のような，「何回中何回成功したか」のようなデータの場合，成功数と失敗数（今回のデータ例では total − y）を，cbind() 関数で結合したものを応答変数とします。それ以外のモデル式の書き方は，lm() 関数のときと一緒です。

　一般化線形モデルでは，応答変数の母集団分布にどの分布を仮定するかを選べるので，仮定する母集団分布を引数 family で指定します。二項分布を仮定する場合は，「binomial」と指定します。上記のコードを実行した後，model1 を呼び出すと以下のように出力されます。

```
> model1

Call:  glm(formula = cbind(y, total - y) ~ x, family = binomial, data = d)

Coefficients:
 (Intercept)           x
     -1.2012      0.8301


Degrees of Freedom: 9 Total (i.e. Null);  8 Residual
Null Deviance:       48.62
Residual Deviance: 3.274       AIC: 36.55
```

出力の中の,「Coefficients」がパラメータの最尤推定値です。$\hat{\beta}_0 = -1.20$, $\hat{\beta}_1 = 0.83$ と推定されています。モデルによる予測値は,predict() 関数で求められます。

```
> p1<-predict(model1,type="response")
> p1
        1         2         3         4         5         6         7
0.3129836 0.4082574 0.5109632 0.6127516 0.7055622 0.7839712 0.8460557
        8         9        10
0.8927389 0.9264954 0.9502207
```

「type="response"」と指定すると,回復率の予測値が求められます。引数 type を指定しないと,線形予測子の値 ($\hat{\beta}_0 + \hat{\beta}_1 x_i$) が求められます。予測値をデータの図に記入すると,図 5-5 のようになります。直線をあてはめたときとは異なり,予測値は 1 を超えないことがわかります。

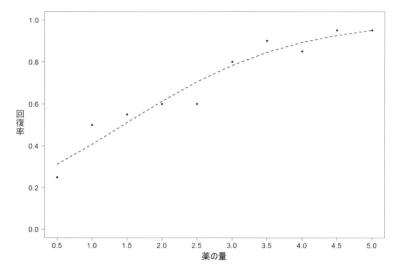

図 5-5　図 5-1 に GLM による予測値を描き加えたもの

パラメータの解釈

ここで，推定されたパラメータの意味を考えてみましょう。そのために，説明変数の値が1増えたときに予測値はどのように変化するかを計算してみます。

```
> E1<-predict(model1,newdata=list(x=c(1,2)),type="response")
> E1
    1         2
0.4082574 0.6127516
```

説明変数 x の値が1および2のときの回復率の予測値を，predict()関数を使用して求めました。x が1のときの回復率は0.41，2のときは0.61と予測されます。

ここで，**オッズ（odds）**という概念を導入します。オッズとは，ある事象が起こる確率を p としたとき，起こらない確率 $1-p$ との比をとったもので，以下の式で表されます。

$$\text{odds} = \frac{p}{1-p}$$

例えば，$p=0.5$ のとき，オッズは1になります。したがって，オッズが1とは，その事象が起こる確率は五分五分であることを意味します。オッズが1より大きければ，それだけその事象は起こりやすいことになります。説明変数 x が1のときと2のときのオッズをそれぞれ求めてみます。

```
> odds1<-E1/(1-E1)
> odds1
    1         2
0.689924 1.582322
```

次に，それぞれの場合のオッズの比（**オッズ比：odds ratio**）を計算してみます。

```
> OR1<-odds1[2]/odds1[1]
> OR1
    2
2.293473
```

オッズ比は2.29となりました。これは，薬の量が1増えると，回復しやすさが2.29倍になることを意味しています。ここで，オッズ比の対数をとってみます。

```
> log(OR1)
    2
0.8300673
```

対数オッズ比は0.83です。これは説明変数 x のパラメータの値と一致します。つまり，説明変数の値が1増えると，対数オッズ比がパラメータの分だけ増加することになります。逆にいえば，パラメータの値を逆対数変換する，つまり e^{β_1} を求めると，説明変数の値が1増えたときに，事象の起こりやすさが何倍になるかがわかるということです。

パラメータの標準誤差と信頼区間

　一般化線形モデルの場合も，求められるパラメータはあくまでも標本から求めた推定値です。glm()関数の計算結果（これを glm オブジェクトと呼びます）に対して，summary()関数を使うと，パラメータの推定値に加えて，パラメータの標準誤差が出力されます。

```
Coefficients:
            Estimate Std. Error z value Pr(>|z|)
(Intercept)  -1.2012     0.3532  -3.401 0.000671 ***
         x    0.8301     0.1418   5.856 4.75e-09 ***
---
Signif. codes:  0 '***' 0.001 '**' 0.01 '*' 0.05 '.' 0.1 ' ' 1
```

　また，パラメータの信頼区間を求めることもできます。信頼区間は，線形モデルと同様に，confint()関数で求めることができます。

```
> confint(model1)
Waiting for profiling to be done...
                 2.5 %     97.5 %
(Intercept) -1.9144489 -0.5238575
          x  0.5657886  1.1240954
```

5-3　検定とモデル選択

　一般化線形モデルでも，複数のモデルを比較してどのモデルが良いかを検討する手続きがあります。そのような手法として，本節では検定とモデル選択を紹介します。

ワルド検定

　線形モデルでは，パラメータの真の値が0であるという帰無仮説を，t値を用いて検定しました。一般化線形モデルで同じ検定を行う方法として，**ワルド検定**（Wald test）があります。ワルド検定では，以下の統計量を使用します。

$$Wald\ \chi^2 = \frac{(\hat{\beta} - \beta_{null})^2}{\hat{\sigma}^2}$$

　$\hat{\beta}$はパラメータの推定値で，β_{null}は帰無仮説が正しいと仮定した場合のパラメータの値です。通常は0に設定されることが多いです。$\hat{\sigma}$はパラメータの標準誤差です。上式の統計量を計算し，自由度が1のカイ2乗分布を利用して検定します。Rでは，car パッケージの Anova()関数を利用して検定ができます。

```
> library(car)

> Anova(model1,test.statistic="Wald")
```

```
Analysis of Deviance Table (Type II tests)

Response: cbind(y, total - y)
  Df Chisq Pr(>Chisq)
x  1 34.29  4.749e-09 ***
---
Signif. codes: 0 '***' 0.001 '**' 0.01 '*' 0.05 '.' 0.1 ' ' 1
```

Anova()関数で,引数 test.statistic を,"Wald"と指定します。$\chi^2(1)=34.29$, $p<0.001$ なので,帰無仮説は棄却されます。ちなみに,glm オブジェクトを summary()関数の引数にすると,以下のような結果が出力されます。

```
Coefficients:
            Estimate Std. Error z value Pr(>|z|)
(Intercept)  -1.2012     0.3532  -3.401 0.000671 ***
x             0.8301     0.1418   5.856 4.75e-09 ***
---
Signif. codes: 0 '***' 0.001 '**' 0.01 '*' 0.05 '.' 0.1 ' ' 1
```

lm オブジェクトの場合は t 値が出力されるところに,「z value」という値が出力され,検定結果も出力されています。実はこれも,ワルド検定と同じものです。ここで出力されている z は,先ほど示したワルド統計量の平方根になっています。ここでは,z 値を計算し,標準正規分布を利用して p 値を算出しています。検定統計量が異なるだけで,実質的にはワルド検定と同じことをしています。その証拠に,p 値はまったく同じ値になっています(カイ2乗分布は,標準正規分布に従う変数を2乗した変数が従う確率分布であることを思い出しましょう)。

尤度比検定

線形モデルのときは,残差平方和(モデルの誤差の大きさ)がモデルの良さの指標となりました。一般化線形モデルでは,モデルの対数尤度が最大になるようにパラメータを求めているので,対数尤度が評価の指標になります。対数尤度がより大きいモデル(よりデータにあてはまっているモデル)が,より良いモデルということになります。モデルの対数尤度は,logLik()関数を使用して求めることができます。

```
> logLik(model1)
'log Lik.' -16.27676 (df=2)
```

model1 の対数尤度は -16.28 と求められました。次に,model1 から説明変数 x を除いた切片だけのモデル(帰無モデル)を作り,その対数尤度を求めてみます。

```
> model0<-glm(cbind(y,total-y)~1,family=binomial,data=d)
```

```
> logLik(model0)
'log Lik.' -38.95059 (df=1)
```

model0の対数尤度は，−38.95と求められました。model1の方がmodel0よりも対数尤度が大きいので，モデルとしてより優れているということになります。ただし，これも標本データから求められたものなので，検定を行います。2つのモデルの尤度を比較したい場合，以下の式で表される**尤度比検定統計量**（log likelihood ratio test statistics）を計算します。

$$\chi^2 = 2\log\frac{L_1}{L_0} = 2(\log L_1 - \log L_0)$$

尤度比検定統計量は，2つのモデルの尤度の比の対数をとり，それに2をかけたものです。つまり，2つのモデルの対数尤度の差に2をかけたものに相当します。この統計量は，2つのモデルのパラメータ数をそれぞれk_1, k_0とすると（$k_1 > k_0$），よりパラメータ数の少ないモデルが真のモデルである場合，自由度が$k_1 - k_0$のカイ2乗分布に従います。Rでは，carパッケージのAnova()関数を使うと，尤度比検定ができます。ワルド検定のときは，「test.statistic="Wald"」と指定しましたが，引数test.statisticを指定しない場合は，尤度比検定になります。

```
> library(car)

> Anova(model1)
Analysis of Deviance Table (Type II tests)

Response: cbind(y, total - y)
  LR Chisq Df Pr(>Chisq)
x   45.348  1   1.65e-11 ***
---
Signif. codes: 0 '***' 0.001 '**' 0.01 '*' 0.05 '.' 0.1 ' ' 1
```

出力の中の「LR Chisq」が，尤度比検定統計量です。model1とmodel0の対数尤度の差分を2倍した値になっています。model1のパラメータ数は2個，model0のパラメータ数は1個なので，自由度が1のカイ2乗分布を用いて検定します。$p = 1.65 \times 10^{-11}$なので，説明変数xを含むモデルの方が有意にあてはまりが良い，つまり，説明変数xをモデルに含める方が良いという結論になります。

逸脱度

尤度が高いモデルは，データによくあてはまるモデルということになります。では，最もあてはまりの良いモデルとは，どのようなモデルか考えてみましょう。実は，最もあてはまりの良いモデルとは，測定値の個数だけパラメータを入れたモデルになります。このモデルのことを，**フルモデル**（full model）と呼びます。

フルモデルの予測値は，実測値と完全に一致します。しかし，フルモデルは，統計モデ

ルとしてはまったく役に立たないものです。なぜなら，10個の値を予測するために10個のパラメータを使っているからです。これは，「10回計測すれば10通りの値が出てくるよ」といっているのと同じで，将来の予測はまったくできません。このような状況を，**オーバーフィッティング（over fitting）** または**過学習**と呼びます。

あるモデルの対数尤度と，フルモデルの対数尤度の差分に2をかけた値のことを，**残差逸脱度（residual deviance）** と呼びます（あるいは，単純に逸脱度と呼ぶ場合もあります）。Rのglm()関数の出力にも登場します。

```
Null Deviance:     48.62
Residual Deviance: 3.274
```

残差逸脱度が小さければ，そのモデルは，フルモデル（最もあてはまりが良いモデル）に近いくらいあてはまりが良いということになります。残差逸脱度の上に出力されているNull Devianceは，パラメータ数が最小のモデル（帰無モデル）の対数尤度と，フルモデルの対数尤度の差分に2をかけた値です。

Null Devianceと残差逸脱度の差は，先ほど出てきた尤度比検定の統計量と一致します。したがって，尤度比検定は，残差逸脱度の差の検定をしているともいえます。

モデル選択

ここまでは，対数尤度や逸脱度を利用してモデルを評価する方法を説明してきました。最も対数尤度が大きくなる（逸脱度が小さくなる）モデルは，フルモデルです。フルモデルは，データの個数分だけパラメータを入れたモデルです。ここから，パラメータの個数が多くなればなるほど，対数尤度は大きくなる（逸脱度は小さくなる）ことがわかります。しかし，フルモデルは予測には役に立たないことからもわかるように，パラメータの数が多ければよいというものではありません。科学の世界では，予測力が同程度のモデルが複数ある場合，パラメータの数がより少ないモデルの方が，良いモデルであると見なされます。このことは，節約の原理とか，**オッカムの剃刀（Occam's razor）** などと呼ばれます。

尤度に加え，パラメータの数も考慮に入れてモデルを評価するための基準として，**赤池情報量基準（Akaike information criteria）** があります。通常は，頭文字をとって**AIC**と呼ばれます。AICは，以下の非常にシンプルな式で計算できます。

$$AIC = -2\log L + 2k$$

$\log L$はモデルの対数尤度，kはパラメータの数です。複数のモデルがある場合，AICがより小さいモデルの方が良いモデルとされます。AICは，glm()関数の出力の中にも表示されますし，glmオブジェクトに「$aic」をつけて取り出すこともできます。

```
> model1$aic
[1] 36.55353
```

AICはあくまでも相対的な指標なので，AICの値がこれくらいであればよい，というものではありません。複数のモデルがあって，どれが最良であるかを選択したいときに使える指標です。例えば，model0についても以下のようにAICを計算してみます。

```
> model0$aic
[1] 79.90118
```

　model0 の AIC は 79.90 と求められました。これに対して，model1 の AIC は 36.55 で，model0 よりも小さくなっています。したがって，model1 と model0 を比べるならば，model1 の方が統計的に良いモデルとして選ばれます。このような手続きを，**モデル選択 (model selection)** と呼びます。AIC によるモデル選択は，パラメータを最尤法で推定しているならば（モデルの対数尤度を定義できるならば），どんなモデルであっても利用することができます。

モデル選択の例

　モデル選択は，複数の説明変数があり，どの説明変数をモデルに含めるかを検討するのにも使われます。例として，第4章の4-5節で使用したデータを用いて，モデル選択をやってみましょう。

```
> model1<-glm(y~x1+x2+x3,family=gaussian,data=d)
```

　3つの変数を説明変数とするモデルです。母集団分布には正規分布（Rでは，gaussian と表記されます）を仮定しています。3つの変数のうち，どの変数をモデルに入れるのがよいか，AIC でモデル選択をしてみます。MASS パッケージの stepAIC() を使用すると，一気に計算することができます。

```
> library(MASS)

> stepAIC(model1)
Start: AIC=339.67
y ~ x1 + x2 + x3

        Df Deviance    AIC
- x3     1   2141.2 337.75
<none>       2137.9 339.67
- x2     1   2256.0 340.36
- x1     1   5976.4 389.07

Step: AIC=337.75
y ~ x1 + x2

        Df Deviance    AIC
<none>       2141.2 337.75
- x2     1   2261.6 338.48
- x1     1   5978.8 387.09
```

```
Call: glm(formula = y ~ x1 + x2, family = gaussian, data = d)

Coefficients:
(Intercept)        x1          x2
   23.1075      0.7284     -0.1682


Degrees of Freedom: 49 Total (i.e. Null);  47 Residual
Null Deviance:       6000
Residual Deviance: 2141       AIC: 337.7
```

　stepAIC()関数によるモデル選択は，何段階かに分けて行われます。第1段階では，3つの説明変数すべてを含むモデルから，どれか1つを取り除いたときのAICを計算し，その中で一番AICが小さいモデルを選択します。この例では，x_3を除いたモデルが選ばれました。

　第2段階では，x_1とx_2を含むモデルから，どちらか一方を取り除いたときのAICを計算しています。この段階では，どちらも取り除かないモデルのAICが最小になるので，x_1とx_2を含むモデルが，最終的に選択されます。最終的に選択されたモデルのパラメータ推定値や，残差逸脱度などが，最後に出力されています。

検定とモデル選択の違い

　モデルを評価する方法として，尤度比検定とモデル選択を紹介しました。尤度比検定は複数のモデルの対数尤度の差に着目し，対数尤度の差が統計的に有意なものであるかどうかを判定する方法です。一方のモデル選択は，対数尤度だけでなくパラメータ数にも着目し，予測力が良いモデルを選択するというものです。

　検定とモデル選択は目的や考え方が異なる手続きです。どちらを使うかは研究の目的によります。検定は，第2章で説明したような様々な問題点を抱えています。モデル選択は，それに比べると単純な手続きに見えます。しかし，実はAICの値も，サンプルサイズの影響を受けます。サンプルサイズが小さいときはより単純な（パラメータ数が少ない）モデルが選ばれ，サンプルサイズが大きいときはより複雑な（パラメータ数が多い）モデルが選ばれる傾向があります。検定とモデル選択の違いや，AICの性質については久保（2012）で詳しく解説されています。

5-4 様々な確率分布と連結関数

　連結関数を利用することによって、正規分布以外の確率分布に従う応答変数も分析できるのが、一般化線形モデルです。前節までは、例として、ロジット関数を利用して線形予測子と二項分布を結びつけました。二項分布以外の確率分布と連結関数を利用することもできます。本節では、別の確率分布と連結関数を利用する例を紹介します。

分割表の度数を予測する

　例として、架空の世論調査のデータを用います。20代～40代の男女を集め、ある政策に賛成か反対かを尋ねたとします。その結果が表5-1にまとめられているとします。
　表5-1のような形式は、**分割表**（contingency table）または**クロス表**と呼ばれます。ここでは、分割表のセルの度数を応答変数とするモデルを作り、年代、性別によって政策に対する意見が異なるかどうかを分析してみます。

ポアソン分布

　一般化線形モデルによる分析を行うときには、まず、応答変数がどのような確率分布に従うかを考えます。分割表の度数は、人数ですから、必ず0以上の整数になります。このような非負整数（0または正の整数）のモデリングによく使われる確率分布に、**ポアソン分布**（Poisson distribution）があります。ポアソン分布は以下の式で表されます。

$$P(x) = \frac{\lambda^x e^{-\lambda}}{x!}$$

　λは、正の実数です（λは、「ラムダ」と読むギリシャ文字です）。ポアソン分布の平均と分散は、以下のようになります。

$$E(x) = \lambda$$
$$V(x) = \lambda$$

　ポアソン分布の平均と分散は、どちらもλになります。ポアソン分布は、λの値のみによって形が変わります。ポアソン分布の形の例を示したのが、図5-6です。
　作図の都合上、図5-6の横軸は、0から15までになっていますが、ポアソン分布の定義域は、0から正の無限大です。したがって、データが非負整数で、特に上限が決まっていない場合によく用いられます。

対数線形モデル

　ポアソン分布を利用する場合、モデル式は以下のようになります。連結関数は、対数関

表 5-1　架空の世論調査の結果

	20代		30代		40代	
	男性	女性	男性	女性	男性	女性
賛成	16	19	14	12	6	7
反対	9	6	11	13	19	18

数になります。

$$y_i \sim Poisson(\lambda_i)$$
$$E(y_i) = \lambda_i$$
$$\log \lambda_i = \boldsymbol{x}_i' \boldsymbol{b}$$

ポアソン分布を利用した一般化線形モデルは，**ポアソン回帰分析**（Poisson regression analysis）と呼ばれることもあります。また，応答変数が分割表の度数で，応答変数の母集団分布にポアソン分布を仮定しているモデルは，**対数線形モデル**（log linear model）と呼ばれることもあります。

Rで対数線形モデルによる分析を行う

ここからは，先ほどの架空の世論調査のデータを，対数線形モデルで分析してみましょう。対数線形モデルも，一般化線形モデルの一種として捉えられるので，glm()関数を利用して実行することができます。分析をする前に，表5-1の分割表のデータを，次のようなデータフレームの形式に整理しておきます。

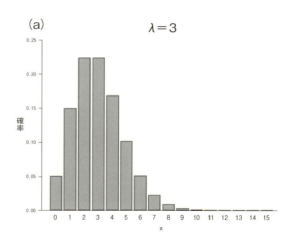

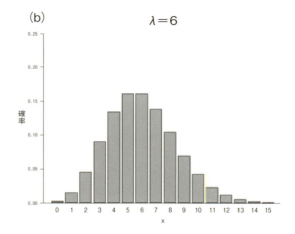

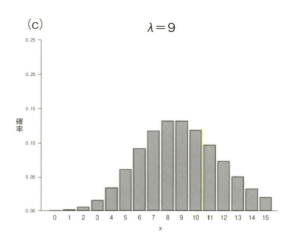

図5-6 ポアソン分布の例
(a) $\lambda=3$の場合。(b) $\lambda=6$の場合。(c) $\lambda=9$の場合。

```
> d
   age    gender  answer  frequency
1  20's   female  yes     19
2  20's   female  no       6
3  20's   male    yes     16
4  20's   male    no       9
5  30's   female  yes     12
6  30's   female  no      13
7  30's   male    yes     14
8  30's   male    no      11
9  40's   female  yes      7
10 40's   female  no      18
11 40's   male    yes      6
12 40's   male    no      19
```

表5-1は，全部で12のセルがある分割表なので，12行のデータフレームに整理します。「frequency」が度数です。以下のようにglm()関数を使用して分析します。

```
> model1<-glm(frequency~age*gender*answer,
+ family=poisson,data=d)
```

度数が応答変数で，年代，性別，回答が説明変数です。回答も，説明変数として扱っていることに注意してください。モデルには，年代，性別，回答に加えて，それらの交互作用もすべて含まれています。一次の交互作用（ここでは，年代×性別，年代×回答，性別×回答），ならびに，二次の交互作用（年代×性別×回答）まですべて含んでいます。このように，考えられるすべての交互作用を含んでいるモデルのことを，**飽和モデル** (saturated model) と呼びます。モデルのパラメータ推定値は，以下のようになります。

```
> model1

Call:  glm(formula = frequency ~ age * gender * answer, family = poisson,
    data = d)

Coefficients:
         (Intercept)              age30's
              1.7918               0.7732
             age40's           gendermale
              1.0986               0.4055
           answeryes
age30's:gendermale
              1.1527              -0.5725
```

```
                age40's:gendermale          age30's:answeryes
                    -0.3514                    -1.2327
                age40's:answeryes         gendermale:answeryes
                    -2.0971                    -0.5773
        age30's:gendermale:answeryes  age40's:gendermale:answeryes
                    0.8985                     0.3691


Degrees of Freedom: 11 Total (i.e. Null);  0 Residual
Null Deviance:     21.6
Residual Deviance: -4.885e-15   AIC: 75.61
```

このモデルは，12個のセルから成るデータに対して，12個のパラメータを用いているので，フルモデルになっていることに注意しましょう．対数線形モデルで重要なのは，変数間の交互作用です．特に，今回の場合は，年代や性別によって，回答が異なるかどうかに関心があるので，年代と回答の交互作用，性別と回答の交互作用に着目します．carパッケージのAnova()関数を使用して，尤度比検定をしてみましょう．

```
> library(car)

> Anova(model1)
Analysis of Deviance Table (Type II tests)

Response: frequency
                  LR Chisq Df Pr(> Chisq)
age                 0.0000  2    1.0000
gender              0.0000  1    1.0000
answer              0.0267  1    0.8703
age:gender          0.0160  2    0.9920
age:answer         20.3067  2    3.895e-05 ***
gender:answer       0.1227  1    0.7261
age:gender:answer   1.1637  2    0.5589
---
Signif. codes:  0 '***' 0.001 '**' 0.01 '*' 0.05 '.' 0.1 ' ' 1
```

対数線形モデルでは，高次の交互作用項を含むモデルは，より低次の交互作用項をすべて含まなければならないという原則があります．そのため，モデルを比較するときの検定方法は，タイプⅡ検定になります．

尤度比検定の結果を見ると，年代と回答の交互作用を含めた方が，モデルのあてはまりは有意に良くなるという結果になっています（$\chi^2(2)=20.31$, $p<0.001$）．したがって，年代によって回答が異なるという結論になります．一方，性別と回答の交互作用を含めても，モデルのあてはまりは有意に良くはなりません（$\chi^2(1)=0.12$, $p=0.726$）．したがって，性

別によって回答が異なるとはいえないという結論になります．また，年代と性別の組み合わせによって回答が異なるとはいえない（$\chi^2(2)=1.16$, $p=0.559$）ということもわかります．

ポアソン回帰とロジスティック回帰の関係

ここまでは，分割表の度数を応答変数と見なし，母集団分布にポアソン分布を仮定した分析をしてきました．表5-1のデータは，別の見方をすることもできます．それは，参加者の回答を，応答変数とするという見方です．

参加者の回答は，「はい・いいえ」の2通りです．したがって，参加者の回答を応答変数と見なし，母集団分布に二項分布を仮定した，ロジスティック回帰を行うこともできます．表5-1のデータを，以下のように整理しなおしてみます．

```
> d
   id age  gender answer
1   1 20's female      1
2   2 20's female      1
3   3 20's female      1
4   4 20's female      0
5   5 20's female      1
6   6 20's female      1
7   7 20's female      1
8   8 20's female      1
9   9 20's female      1
10 10 20's female      1
 (以下，略)
```

先ほどは，1つの行が1つのセルを表すようにしていましたが，今度は，1つの行が1人の参加者を表すようにしています．そして，回答を表す列（answer）は，回答が「はい」であれば1，「いいえ」であれば0を入力しています．このデータを，glm()関数で以下のように分析してみます．

```
> model2<-glm(answer~age*gender,
+ family=binomial,data=d)
```

今度は，回答を応答変数にしています．年代，性別，およびそれらの交互作用を説明変数としています．母集団分布には，二項分布を仮定しています．このモデルに対して尤度比検定を行うと，結果は以下のようになります．

```
> Anova(model2)
Analysis of Deviance Table (Type II tests)

Response: answer
```

```
         LR Chisq Df Pr(> Chisq)
age         20.3067  2   3.895e-05 ***
gender       0.1227  1   0.7261
age:gender   1.1637  2   0.5589
---
Signif. codes:  0 '***' 0.001 '**' 0.01 '*' 0.05 '.' 0.1 ' ' 1
```

年代の検定結果は，先ほどの対数線形モデルにおける，年代と回答の交互作用の検定結果と完全に一致していることがわかります。性別，年代と性別の交互作用についても同じことがいえます。したがって，この場合の対数線形モデルによる分析は，実質的にはロジスティック回帰と同じことをやっていることになります。何を応答変数と見なすかによって，モデルは変わってきますが，導かれる結論は一緒です。

今回のデータ例では，回答が「はい・いいえ」の2通りしかないので，回答を応答変数としたロジスティック回帰分析に持ち込むことができます。しかし，例えば，回答が「はい・いいえ・どちらでもない」の3通りである場合などは，ロジスティック回帰はできません。そのような場合の対処法として，1つは，セルの度数を応答変数としたポアソン回帰を行うという方法があります。やはり回答を応答変数として分析をしたければ，ロジスティック回帰の拡張版である，名義ロジスティック回帰，順序ロジスティック回帰と呼ばれる方法があります。これらも，一般化線形モデルの範疇に含まれるものですが，本書では扱いません。名義ロジスティック回帰や順序ロジスティック回帰については，Dobson（2002；田中他訳，2008）を参考にしてください。

5-5 一般化線形モデルのまとめ

本章の最後に，一般化線形モデルによる分析の手順を整理します。また，一般化線形モデルで重要になる，確率分布と連結関数の選び方についても説明します。

一般化線形モデルによる分析の流れ

一般化線形モデルによる分析の流れを整理すると，以下のようになります。基本的な流れは，線形モデルのときと変わりません。連結関数を利用することによって，正規分布以外の確率分布に従う応答変数も分析できるというのが，線形モデルとの違いです。

1. モデル式を立てる
    - 応答変数がどのような確率分布に従うかを考える
    - 連結関数を利用して，確率分布と線形予測子を結びつける
2. モデルのパラメータを推定する
    - 最尤法でパラメータの推定値を求める
    - パラメータの標準誤差や信頼区間を求める
3. モデルを評価する
    - 検定，あるいはモデル選択を行う

- モデルの診断を行う（GLM の場合も，モデルの診断方法は基本的には線形モデルと変わりません。詳細は Dobson（2002；田中他訳，2008）を参考にしてください）。

論文やレポートでの書き方

論文やレポートでの書き方は，基本的には線形モデルのとき（4-8 節を参照）と変わりません。一般化線形モデルの場合は，応答変数の母集団にどの確率分布を仮定し，どの連結関数を使用したかを説明するようにしましょう。

AIC を示す場合は，最終的に選択されたモデルの AIC だけでなく，比較対象のモデルの AIC も合わせて示すようにしましょう。例えば，5-3 節のように，stepAIC() 関数によるモデル選択を行った場合，選択の過程がわかるような表（表 5-2）を添えるとよいでしょう。

表 5-2　AIC によるモデル選択結果の記載例

Step1	AIC
$x_1 + x_2 + x_3$	339.67
$x_1 + x_2$	337.75
$x_1 + x_3$	340.36
$x_2 + x_3$	389.07

Step2	AIC
$x_1 + x_2$	337.75
x_1	338.48
x_2	387.09

各ステップでの AIC 最小モデルに下線を付した。

確率分布と連結関数の選択

一般化線形モデルで重要になるのは，応答変数が，どの確率分布に従うと仮定するかということです。これは，一見難しそうに見えますが，どの確率分布を使うかは，データの性質によってある程度決められます。ポイントとなるのは，応答変数が連続型か離散型か，どのような範囲をとるかという点です。

本章では，応答変数が「何回中何回成功したか」である場合には二項分布，分割表のセルの度数である場合にはポアソン分布を使用しました。連結関数は，二項分布のときにはロジット関数，ポアソン分布のときには対数関数を使用しました。

本章で紹介した例は，どちらも離散変数でしたが，連続変数の場合は，**ガンマ分布**（gamma distribution）や正規分布などが使えます。連続変数の場合については，久保（2012）に解説があります。正規分布を仮定する場合は，線形モデルと同じになります。

ちなみに，一般化線形モデルで扱うことができる確率分布は，**指数型分布族**（exponential family of distributions）と呼ばれるグループに分類される確率分布です。指数型分布族については，Dobson（2002；田中他訳，2008）を参考にしてください。

混合モデルへ

　一般化線形モデルを利用すれば，応答変数の確率分布として，正規分布以外の確率分布も使うことができ，よりデータの性質に合わせたモデリングができるようになります。ただし，注意が必要なのは，測定値は互いに独立でなければならないということです。しかし，実際のデータ分析では，測定値が独立ではない場合もあります。そのような場合に利用できる方法として，最終章では混合モデルを紹介します。

第 6 章

混合モデル

> 第4章では線形モデル，第5章では一般化線形モデルを解説してきました。本章では，それらの発展形である，混合モデルを取り上げます。「混合」とはどういうことか，固定効果と変量効果の違いを解説した後，線形混合モデル（LMM），一般化線形混合モデル（GLMM）について解説を行います。

6-1 固定効果と変量効果

　本節ではまず，混合モデルで重要となる，固定効果と変量効果の概念について解説します。

反復測定データの分析

　ここまでは，線形モデルと一般化線形モデルについて説明してきました。ここまで説明してきたモデルでは，各測定値が独立であると仮定していました。各測定値が独立であるとは，測定値は互いに影響を及ぼし合うことはない，ということです。例えば，Aさんのテストの得点が，Bさんのテストの得点に影響を及ぼすことがない場合，それぞれの得点は独立であるといえます。

　しかし，実際のデータ分析では，各測定値を独立と見なせない場合もあります。よくあるのは，同じ参加者から何回も繰り返しデータをとるような場合です。例えば，同じ人がある薬を飲む前と飲んだ後で課題の成績を比較するとか，同じ人から複数の異なる時点でデータをとるような場合です。このようなデータのとり方は，**被験者内要因計画**（within-subject design）とか，**反復測定デザイン**（repeated-measures design）などと呼ばれます。

　参加者は，1人ひとり異なる身体的特性や性格をもっています。それらは，「クセ」と呼んでもいいかもしれません。同じ人から複数回データをとる場合，そのような「クセ」がデータに影響を与えてきます。そして，そのような「クセ」は，研究者が統制できないものです。性別，年齢，経歴などを統制したとしても，すべてを同じ条件に揃えることは

不可能です。動物研究の場合は，遺伝的にまったく同じ背景をもつ系統の実験動物（マウス，ラットなど）を使用することもできますが，それでもすべてがまったく同じ個体ということはありません。

データが反復測定デザインでない場合（1人の参加者から1回しかデータをとらない場合），「クセ」は誤差として処理されます。しかし，反復測定デザインの場合は，その影響を無視することはできなくなります。そこで，「クセ」までをモデルに含めて表現します。それを可能にするのが，本章で紹介する**混合モデル（mixed model）**です。

反復測定デザインのデータ

説明のために，以下のような仮想データを使用します。5人の参加者が，実験に参加したとします。3つの実験条件（A，B，C）が用意されており，参加者は3つすべての条件で，ある課題の得点を測定したとします。同じ参加者から複数回データをとっているので，反復測定デザインということになります。参加者ごとに，各条件の得点を図示したものが，図6-1です。

```
> d
   id condition score
1  s01     A      49
2  s01     B      53
3  s01     C      59
4  s02     A      54
5  s02     B      60
6  s02     C      64
7  s03     A      60
8  s03     B      64
9  s03     C      70
10 s04     A      65
11 s04     B      70
12 s04     C      74
13 s05     A      69
14 s05     B      74
15 s05     C      80
```

図6-1を見ると，どの参加者でもA，B，Cの順に，得点が高くなっていることがわかります。しかし，参加者によって，得点に大きな個人差があることもわかります。例えば，同じA条件でも，参加者s01の得点は50点に満たないのに対して，参加者s05の得点は70点近くと，大きく差があります。混合モデルでは，このような個人差も考慮に入れたモデリングを行います。

固定効果と変量効果

混合モデルでは，**固定効果（fixed effect）**と**変量効果（random effect）**という，2つ

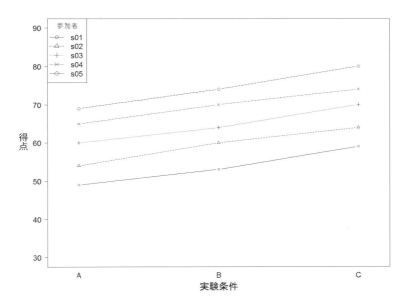

図 6-1　各実験条件における，各参加者の得点

の効果を考えます。固定効果とは，分析者が知りたいと思っている変数の効果です。実験研究の場合は，研究者がその効果を調べるために操作する変数のことを指します。先ほどのデータ例では，実験条件が固定効果になります。固定効果は，定数であると見なします。

それに対して，変量効果とは，分析者が本来知りたいものではないけれども，データに影響を及ぼす変数の効果のことを指します。先ほどのデータ例では，参加者が変量効果になります。注意が必要なのは，変量効果は確率変数と見なす，という点です。つまり，何らかの分布から，ランダムに選ばれたものと考えます。どんな参加者が来るかは，分析者にはわからないので，その参加者がどんな「クセ」をもっているかも事前にはわからない，ということです。

混合モデル

固定効果と変量効果の両方を含んでいるモデルのことを，**混合モデル**（mixed model）と呼びます。「混合」とは，固定効果と変量効果が混ざっている，という意味です。次節からは，混合モデルとは具体的にはどのようなモデルになり，どのように推定を行うのかを説明します。

6-2　線形混合モデル

本節では，線形モデルに変量効果を加えた線形混合モデルによる分析の手順を，具体的に説明します。

線形モデルに混合効果を加える

固定効果と変量効果の両方が含まれるモデルのことを，混合モデルと呼びます。固定効果と変量効果の両方を含んだ線形モデルは，**線形混合モデル**（linear mixed model: LMM）

と呼ばれます。ここでは，先ほどの仮想データを，線形混合モデルを使って分析してみます。

実験条件から，得点を予測するモデルを立てます。得点は，正規分布に従うと仮定します。そして，参加者を変量効果として，モデルに加えます。i 人目の参加者（$i=1, 2, 3, 4, 5$）の，j 回目の得点（$j=1, 2, 3$）を，以下の式で表します。

$$y_{ij} = \beta_0 + \beta_1 x_{j1} + \beta_2 x_{j2} + r_i + \varepsilon_{ij}$$

上式のうち，β_0 が切片，β_1 と β_2 が固定効果（実験条件の効果）です。実験条件は質的変数なので，端点制約によるパラメータ化を行っています。ここまでは，通常の線形モデルと同じです。

上式右辺の 4 つ目の項，r_i が変量効果です。変量効果は，参加者によって異なる値をとる確率変数で，平均が 0 の正規分布 $N(0, \sigma_r^2)$ に従うと仮定します。最後の項 ε_{ij} は，条件や参加者とは関係なく生じる誤差を表しています。誤差は，変量効果とは独立に，平均が 0 の正規分布 $N(0, \sigma_\varepsilon^2)$ に従うと仮定します。

すべての参加者の y_{ij} を並べたベクトルを **y** とすれば，モデル式は以下のように表すことができます。**Z** が参加者を表すデザイン行列，**r** が変量効果のベクトルです。

$$\boldsymbol{y} = \boldsymbol{Xb} + \boldsymbol{Zr} + \boldsymbol{e}$$

線形混合モデルのパラメータ推定

では，線形混合モデルのパラメータを推定してみましょう。R では，lme4 パッケージの lmer() という関数で，パラメータ推定ができます。以下のようにして推定します。

```
> library(lme4)

> model1<-lmer(score~condition + (1|id),data=d)
```

lmer() 関数の引数は，lm() 関数と同様，モデル式とデータフレームの名前です。モデル式の中の，「(1|id)」というのが，変量効果を指定している部分です。この部分の書き方については，後から詳しく説明します。

確認のために，モデルの要素を抽出してみましょう。getME() という関数を使うと，lmer オブジェクトから，モデルの要素を抽出することができます。例えば，以下のようにすると固定効果のデザイン行列 **X** を取り出すことができます。

```
> X <-getME(model1,"X")
> X
  (Intercept) conditionB conditionC
1       1          0          0
2       1          1          0
3       1          0          1
4       1          0          0
5       1          1          0
6       1          0          1
```

```
7       1       0       0
8       1       1       0
9       1       0       1
10      1       0       0
11      1       1       0
12      1       0       1
13      1       0       0
14      1       1       0
15      1       0       1
attr(,"assign")
[1] 0 1 1
attr(,"contrasts")
attr(,"contrasts")$condition
[1] "contr.treatment"

attr(,"msgScaleX")
character(0)
```

次に，参加者のデザイン行列Zを取り出してみます。以下のようにして取り出せます。

```
> Z <-getME(model1,"Z")
> Z
15 x 5 sparse Matrix of class "dgCMatrix"
   s01 s02 s03 s04 s05
1   1   .   .   .   .
2   1   .   .   .   .
3   1   .   .   .   .
4   .   1   .   .   .
5   .   1   .   .   .
6   .   1   .   .   .
7   .   .   1   .   .
8   .   .   1   .   .
9   .   .   1   .   .
10  .   .   .   1   .
11  .   .   .   1   .
12  .   .   .   1   .
13  .   .   .   .   1
14  .   .   .   .   1
15  .   .   .   .   1
```

3×5の行列が出力されます。「・」となっている部分は，すべて0と考えてください。

では，パラメータの推定値を見てみましょう。lmer オブジェクトを呼び出すと，以下のような出力が得られます。

```
> model1
Linear mixed model fit by REML ['lmerMod']
Formula: score ~ condition + (1 | id)
   Data: d
REML criterion at convergence: 52.7558
Random effects:
 Groups   Name        Std.Dev.
 id       (Intercept) 8.1670
 Residual             0.6325
Number of obs: 15, groups:  id, 5
Fixed Effects:
(Intercept)   conditionB   conditionC
       59.4          4.8         10.0
```

出力の一行目に，「Linear mixed model fit by REML」とあります。REMLとは，**制限付き最尤法（restricted maximum likelihood method: REML）**のことを指します。一般化線形モデルでは，最尤法を使ってパラメータを推定していましたが，lmer()関数では，制限付き最尤法を使用してパラメータを推定しています。

出力の下の方にある，「Fixed Effects」が，固定効果のパラメータ推定値です。つまり，β_0，β_1，β_2の推定値です。

「Random effects」が，変量効果の推定値です。変量効果の表の1行目に，8.1670という値が出力されていますが，これは，参加者の効果の標準偏差の推定値です。参加者の効果は，正規分布 $N(0, \sigma_r^2)$ に従うと仮定しました。その正規分布の標準偏差σ_rの推定値が，8.1670ということです。その下の行に出力されている，0.6325は，誤差の標準偏差の推定値です。

これだけだと，どういうことかわかりにくいかもしれませんので，このモデルが，どのような予測をするかを見てみましょう。lmer オブジェクトを，coef()という関数の引数に入れます。

```
> coef(model1)
$id
    (Intercept) conditionB conditionC
s01    48.75461        4.8         10
s02    54.40998        4.8         10
s03    59.73267        4.8         10
s04    64.72269        4.8         10
s05    69.38005        4.8         10
```

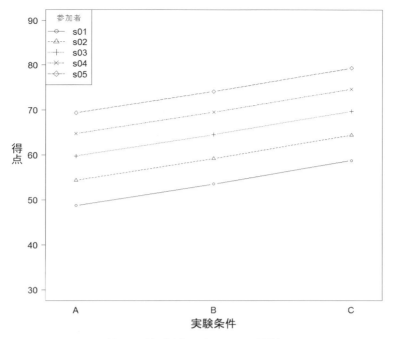

図 6-2 線形混合モデルによる予測値

```
attr(,"class")
[1] "coef.mer"
```

5×3の行列が出力されます。1つの行が1人の参加者を表しています。1列目は切片，2列目と3列目はそれぞれ，条件BとCのパラメータの推定値を示しています。表を見ると，2列目と3列目はどの参加者でもまったく同じ値で，1列目（intercept）だけが参加者によって異なっていることがわかります。つまり，切片が参加者によって異なるということです。モデルによる予測値をグラフにしたものが図6-2です。

条件による得点の変化の仕方（直線の傾き）は，どの参加者でも同じです。異なるのは，切片の値です。つまり，条件の効果（固定効果）はどの参加者でも一定で，ベースライン（切片）が，参加者によって異なる，と想定していることがわかります。参加者ごとのベースラインを変化させるものが，変量効果です。このように，変量効果によって切片が変化すると仮定するモデルのことを，**ランダム切片モデル**（random intercept model）と呼びます。ちなみに，変量効果によって傾きが変化する（参加者によって直線の傾きが異なる）モデルを作ることもできます。その場合は，**ランダム傾きモデル**（random slope model）と呼ばれます。本書では，ランダム切片モデルのみを扱います。

lmer()関数での変量効果の指定の仕方

ここで，lmer()関数でのモデルの記述の仕方を説明します。ある変量効果を，ランダム切片としてモデルに加えたいときは，「（1 | r）」のように指定します。「r」が，変量効果となる変数の名前です。先ほどの例では，参加者（id）の効果をランダム切片としてモ

デルに加えたので，以下のような表記になりました。

```
> model1<-lmer(score~condition + (1|id),data=d)
```

ランダム傾きをモデルに加えたいときは，「(f|r)」のように指定します。「f」は，変量効果の影響を受ける固定効果の名前です。例えば，条件の効果が参加者によって異なる，というモデルにしたいときは，以下のようなモデル式になります。

```
> model2<-lmer(score~condition + (condition|id),data=d)
```

ただし，今回のデータ例では上記のモデルの推定はできません。なぜなら，どの参加者も，それぞれの条件では1回ずつしか測定をしていないため，データの数が，推定すべきパラメータの数と同数になってしまうからです。

パラメータの標準誤差と信頼区間

線形混合モデルでも固定効果のパラメータの標準誤差や信頼区間を求めることができます。固定効果のパラメータの標準誤差は，summary()関数を使うと出力されます。

```
Fixed effects:
            Estimate Std. Error t value
(Intercept)   59.400      3.663   16.21
conditionB     4.800      0.400   12.00
conditionC    10.000      0.400   25.00
```

また，confint()関数を使うと，固定効果と変量効果の信頼区間を計算することもできます。下記例では，「sig01」が参加者の変量効果の標準偏差，「sigma」が，誤差の標準偏差の推定値です。

```
> confint(model1)
Computing profile confidence intervals ...
                  2.5 %      97.5 %
.sig01        4.3597763  15.9289746
.sigma        0.3858476   0.9446429
(Intercept)  51.5308995  67.2691016
conditionB    4.0257282   5.5742718
conditionC    9.2257282  10.7742718
```

制限付き最尤法

lmer()関数のパラメータ推定法は，デフォルトでは制限付き最尤法（REML法）になっています。ちなみに，最尤法を使って推定することもできます。最尤法で推定したいときは，「REML=F」と指定します。

```
> model2<-lmer(score~condition + (1|id),data=d,REML=F)
```

```
> model2
Linear mixed model fit by maximum likelihood ['lmerMod']
Formula: score ~ condition + (1 | id)
   Data: d
    AIC     BIC   logLik deviance df.resid
 66.5622 70.1024 -28.2811  56.5622      10
Random effects:
 Groups   Name        Std.Dev.
 id       (Intercept) 7.3048
 Residual             0.5657
Number of obs: 15, groups: id, 5
Fixed Effects:
(Intercept)   conditionB   conditionC
      59.4          4.8         10.0
```

固定効果の推定値は，REML 法と変わりません。変化するのは，変量効果の標準偏差の推定値です。変量効果の推定に関しては，REML 法の方が，最尤法よりも望ましいとされています（McCulloch, Searle, & Neuhaus, 2008）。そのため，lmer() 関数では，REML 法がデフォルトとして採用されています。

線形混合モデルに関する検定

線形混合モデルに対して使える検定には，ワルド検定と F 検定があります。R では，どちらも car パッケージの Anova() 関数で実行できます。lmer オブジェクトを Anova() 関数の引数にすると，デフォルトではワルド検定が行われます。「test.statistic="F"」と指定すると，F 検定ができます。

```
> Anova(model1)
Analysis of Deviance Table (Type II Wald chisquare tests)

Response: score
           Chisq Df Pr(>Chisq)
condition 625.33  2  < 2.2e-16 ***
---
Signif. codes:  0 '***' 0.001 '**' 0.01 '*' 0.05 '.' 0.1 ' ' 1

> Anova(model1,test.statistic="F")
Analysis of Deviance Table (Type II Wald F tests with Kenward-Roger df)

Response: score
               F Df Df.res    Pr(>F)
condition 312.67  2      8 2.546e-08 ***
```

```
   ---
   Signif. codes:  0 '***' 0.001 '**' 0.01 '*' 0.05 '.' 0.1 ' ' 1
```

　Rの関数を使うと，簡単に計算ができるように見えますが，実は，線形混合モデルでは，F値の自由度を簡単に求めることができません。そこで，近似的な方法で，自由度が求められます。上記のAnova()関数の出力の1行目に，「Type II Wald F tests with Kenward-Roger df」とありますが，これは，Kenward-Rogerの方法を使用して，自由度を近似的に求めている，という意味です。

　ちなみに，REML法でパラメータを推定しているときは，固定効果の尤度比検定はできません。これは，REML法では尤度の計算の仕方が最尤法とは少し違っているため，ある固定効果を含むモデルと含まないモデルの尤度を比較することができないからです。最尤法でパラメータ推定をした場合は，尤度比検定ができます。

欠損値がある場合の分析

　反復測定デザインのときに注意が必要なのは，**欠損値**（missing value）がある場合です。例えば，本当は参加者1人につき3回データをとる計画であるのに，何らかの事情で2回しかデータがとれなかった参加者が一部にいたとします。このような場合を，欠損値と呼びます。

　線形混合モデルでは，欠損値がある場合でも分析ができます。ただし，分析をする前に，欠損がどのように生じているのかを考える必要があります。例えば，たまたま測定機械が故障したとかいったように，完全なる偶然によって欠損が生じている場合は，そのまま気にせず分析しても構いません。ただし，特定の条件に限って欠損値が多いなど，何らかのパターンに沿って欠損が生じている場合は，そのまま分析すると誤った結果につながる可能性もあるので注意が必要です。近年では，欠損が何らかのパターンによって生じている場合に，それも考慮に入れたモデリングの方法が発展してきています。本書では扱いませんが，詳細は高井・星野・野間（2016）が参考になります。

6-3　一般化線形混合モデル

　本節では，一般化線形モデルに変量効果を加えた，一般化線形混合モデルについて解説します。

一般化線形モデルに混合効果を加える

　一般化線形モデルに，変量効果を加えたものが，**一般化線形混合モデル**（generalized linear mixed model: GLMM）です。モデル式は，以下のようになります。

$$E(y_{ij}) = \theta_{ij}$$
$$g(\theta_{ij}) = \beta_0 + \beta_1 x_j + r_i$$

　一般化線形モデルと同様に，連結関数を使用して，確率分布と線形予測子を結びつけます。線形予測子の中に，変量効果r_iが含まれています。変量効果は，平均が0の正規分布に従う確率変数と見なします。

6-3 一般化線形混合モデル

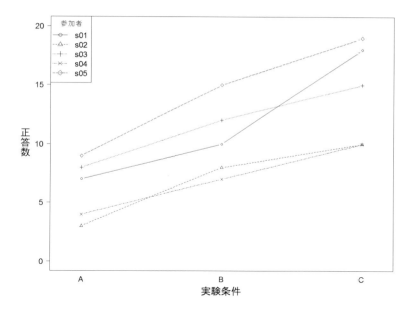

図 6-3 各参加者における，各条件での正答数

R で GLMM による分析を行う

ここからは，R で GLMM による分析をやってみます。例として，以下のような仮想データを用います。実験条件が 3 つ（A，B，C）あり，5 人の参加者（s01〜s05）が参加したとします。参加者は，それぞれの条件で 20 試行ずつ課題を行ったとします。課題は，「正解・不正解」の 2 通りの結果しかないもので，各条件で，20 試行中の正解数が記録されているとします。参加者ごとに，正答数をグラフにしたものが図 6-3 です。このとき，実験条件から課題の正答数を予測するモデルを立ててみましょう。

```
> d
   id  condition  correct  total    P
1  s01     A         7      20    0.35
2  s02     A         3      20    0.15
3  s03     A         8      20    0.40
4  s04     A         4      20    0.20
5  s05     A         9      20    0.45
6  s01     B        10      20    0.50
7  s02     B         8      20    0.40
8  s03     B        12      20    0.60
9  s04     B         7      20    0.35
10 s05     B        15      20    0.75
11 s01     C        18      20    0.90
12 s02     C        10      20    0.50
```

13	s03	C	15	20	0.75
14	s04	C	10	20	0.50
15	s05	C	19	20	0.95

今回の応答変数は，20試行中の正答数なので，母集団分布として二項分布を仮定します。Rでは，lme4パッケージのglmer()関数を利用して実行できます。

```
> library(lme4)
> model1<-glmer(cbind(correct,total-correct)~condition+(1|id),
+ family=binomial,data=d)
```

モデルに変量効果が加わることを除けば，glm()関数と同じ書き方になります。母集団分布に二項分布を仮定するので，「family=binomial」と指定しています。変量効果の指定の仕方は，lmer()関数と同じです。この例では，参加者の効果を，ランダム切片としてモデルに加えています。推定結果は，以下のようになります。

```
> model1
Generalized linear mixed model fit by maximum likelihood (Laplace
  Approximation) [glmerMod]
 Family: binomial  ( logit )
Formula: cbind(correct, total - correct) ~ condition + (1 | id)
   Data: d
    AIC     BIC   logLik deviance df.resid
 75.1345 77.9667 -33.5672  67.1345      11
Random effects:
 Groups Name        Std.Dev.
 id     (Intercept) 0.6308
Number of obs: 15, groups:  id, 5
Fixed Effects:
(Intercept)   conditionB   conditionC
    -0.8739       0.9614       1.9036
```

出力の1行目には，「Generalized linear mixed model fit by maximum likelihood (Laplace Approximation)」と書かれています。これは，パラメータの推定方法を表しています。パラメータの推定方法については，次節で説明します。

lmer()関数の時と同様に，固定効果の推定値と，変量効果のばらつきの推定値が出力されています。summary()関数を使って標準誤差を求めたり，confint()関数を使ってパラメータの信頼区間を求めたりすることもできます。

```
Fixed effects:
            Estimate Std. Error z value Pr(>|z|)
(Intercept)  -0.8739     0.3622  -2.413  0.01584 *
```

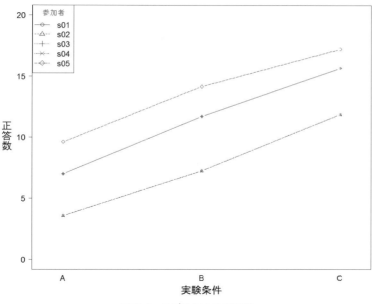

図 6-4　モデルによる予測値

```
conditionB      0.9614    0.3094   3.107  0.00189 **
conditionC      1.9036    0.3298   5.772  7.85e-09 ***
---
Signif. codes:  0 '***' 0.001 '**' 0.01 '*' 0.05 '.' 0.1 ' ' 1

> confint(model1)
Computing profile confidence intervals ...
                  2.5 %       97.5 %
.sig01        0.2947288   1.49353301
(Intercept)  -1.7044930  -0.07844835
conditionB    0.3618706   1.57811358
conditionC    1.2718218   2.56878103
```

モデルによる予測値は，predict()関数で求めることができます。「type="response"」とすると，正答率の予測値が求められます。正答数の予測値（正答率の予測値に総試行数20をかけたもの）を計算して，グラフにしたものが図6-4です。

```
> p1<-predict(model1,type="response")
> p1
        1         2         3         4         5         6         7
0.3499994 0.1781056 0.3499994 0.1781056 0.4807694 0.5847516 0.3617253
        8         9        10        11        12        13        14
0.5847516 0.3617253 0.7077314 0.7832226 0.5925102 0.7832226 0.5925102
       15
```

```
0.8613594
```

GLMM に関する検定

GLMM の場合も，ワルド検定を行うことができます。car パッケージの Anova()関数を利用して行います。

```
> library(car)

> Anova(model1)
Analysis of Deviance Table (Type II Wald chisquare tests)

Response: cbind(correct, total - correct)
          Chisq Df Pr(>Chisq)
condition 33.327  2  5.795e-08 ***
---
Signif. codes:  0 '***' 0.001 '**' 0.01 '*' 0.05 '.' 0.1 ' ' 1
```

ちなみに，glmer()関数では，最尤法でパラメータ推定を行います。最尤法でパラメータ推定を行うということは，尤度比検定ができます。しかし，Anova()関数では，glmer オブジェクトの尤度比検定をすることができません。glmer オブジェクトを利用して尤度比検定をしたいときは，やり方が少し面倒になります。まず，以下のようにして，条件を説明変数に含まないモデル model0 を作ります。

```
> model0<-glmer(cbind(correct,total-correct)~1+(1|id),
+ family=binomial,data=d)
```

条件を説明変数に含めていない点を除けば，model1 と同じです。そして，anova()関数（頭文字が小文字であることに注意してください）を使用して，model0 と model1 を比較します。

```
> anova(model1,model0,test="Chisq")
Data: d
Models:
model0: cbind(correct, total - correct) ~ 1 + (1 | id)
model1: cbind(correct, total - correct) ~ condition + (1 | id)
       Df    AIC    BIC  logLik deviance  Chisq Chi Df Pr(>Chisq)
model0  2 108.630 110.046 -52.315  104.630
model1  4  75.134  77.967 -33.567   67.134 37.495      2  7.212e-09 ***
---
Signif. codes:  0 '***' 0.001 '**' 0.01 '*' 0.05 '.' 0.1 ' ' 1
```

「test="Chisq"」と指定すると，尤度比検定が行われます。model0 と model1 の対数尤

度から，尤度比検定統計量を計算して検定が行われます。

6-4 さらなる発展

GLMM は，モデルが複雑になると推定が難しくなっていきます。最後に，そのような複雑なモデルを分析する手法についても簡単に解説します。

GLMM のパラメータ推定

前節では，一般化線形モデルに変量効果を加えた，一般化線形混合モデル（GLMM）について説明しました。R の glmer()関数を使用してパラメータ推定を行いましたが，ここで，glmer()関数の出力の一行目をもう一度思い出してみましょう。

```
> model1
Generalized linear mixed model fit by maximum likelihood (Laplace
    Approximation) [glmerMod]
```

出力の 1 行目には，「Generalized linear mixed model fit by maximum likelihood (Laplace Approximation)」とあります。最尤推定のために，**ラプラス近似（Laplace approximation）** という方法が使われています。

モデルの尤度を最大にするパラメータの値を求めるのが，最尤法です。GLMM でも，モデルの尤度を求めますが，その際には，複雑な積分を解く必要が生じます。そのような複雑な積分を，近似的に計算する方法の1つが，ラプラス近似です。「近似」とは，正確ではないけれども近い答えが得られる，ということです。本書では，1つのランダム切片を含んだモデルしか扱いませんでしたが，複数のランダム切片やランダム傾きを含んだようなモデルになると，尤度はますます複雑になり，推定計算は困難になります。

階層ベイズモデルと MCMC

モデルが複雑で，最尤法によるパラメータ推定が難しい場合の対処法として，モデルをベイズ化する，という方法があります。ベイズ化するとは，**ベイズ統計学（Bayesian statistics）** の考え方に基づいてモデルを作る，ということです。

ベイズ（Thomas Bayes）とは，18 世紀の牧師の名前です。**ベイズの定理（Bayes' theorem）** を基盤にした統計学のことを，ベイズ統計学と呼びます。実は，本書で説明してきた統計学，特に推測統計の部分は，**頻度主義（frequentism）** と呼ばれる考え方に基づくものでした。ベイズ統計学は，頻度主義とは確率に関する考え方が異なります。つまり，背後にある哲学が異なるということになります。

GLMM は，ベイズ統計学の枠組みでは，**階層ベイズモデル（hierarchical Bayesian model）** と呼ばれるものに含まれます。階層ベイズモデルでは，**マルコフ連鎖モンテカルロ法（Marcov-chain Monte Carlo: MCMC）** と呼ばれる方法を使って，パラメータの推定計算を行います。MCMC を使うと，複数の変量効果を含むような複雑なモデルのパラメータ推定もできます。しかも，ベイズ統計学の考え方を取り入れると，結果の解釈もより明快になります。複雑なモデルで分析を行いたいときは，GLMM よりも，ベイズモデ

ルを利用する方がよいでしょう。近年は，コンピュータの性能の向上によって，比較的簡単に MCMC ができるようになったため，ベイズ統計学も急速に広まっています。

本書では，ベイズ統計学や階層ベイズモデルについてはこれ以上解説しませんが，詳細は照井（2010）や，久保（2012），松浦（2016）を参考にしてください。R にも，ベイズモデルによる分析を実行できるパッケージがいくつか用意されています。

6-5 まとめ

本書では，線形モデル，一般化線形モデル，混合モデルと解説をしてきました。データに単純な直線をあてはめるのが，線形モデル（LM）です。連結関数を利用することで，正規分布以外の確率分布も扱えるように線形モデルを拡張したものが，一般化線形モデル（GLM）です。そして，変量効果を加えることで，反復測定データのような，独立性が仮定できないデータも扱えるようにしたものが混合モデル（LMM，GLMM）です。これらの手法を使えば，様々な種類のデータを分析することができます。さらに，本書では解説しませんでしたが，階層ベイズモデルなどを使えば，より複雑なモデルによる分析も可能になります。また，R などの便利なソフトウェアの普及によって，こうした分析も比較的簡単にパソコンで実行できるようになっています。

しかし，高度な分析手法を使ったからといって，必ずしもそこから有益な結論が導き出せるわけではないことに注意しましょう。結局のところ，もとのデータがしっかりしたものでなければ，どのような分析をしたとしても，そこから導き出される結論は，価値のあるものにはなりません。どのようにデータを分析するかも重要なことですが，どのようにデータを集めるかが，より重要です。どのような変数をどのように測定すれば研究上の問いに答えられるのかを，事前によく考えてからデータを集めましょう。測定する変数の種類と測定の方法によって，利用可能な分析方法はある程度定まります。データをとってから考えるのではなく，考えてからデータをとることが大切です。

参考文献

　ここでは，本書を執筆する際に参考にした書籍を紹介します．本書では割愛した内容なども多く含まれているので，さらなる学習に参考にしてください．

主に第 1 章・第 2 章の内容に関わるもの
- 舟尾暢男（2009）　The R Tips —データ解析環境 R の基本技・グラフィック活用集（第 2 版）　オーム社
  R の使い方が基礎から解説されています．本書では扱えなかった，R でグラフを描く方法についても説明が充実しています．R の使い方でわからないことがあったときに，辞書のようにしても使えます．

- 皆本晃弥（2015）　スッキリわかる確率統計―定理のくわしい証明つき―　近代科学社
  わかりやすい言葉で解説されているだけでなく，中心極限定理など，よく使われる定理の証明まで載っています．数学的な背景までしっかり学びたい方にはおすすめです．

- 東京大学教養学部統計学教室（編）（1991）　統計学入門　東京大学出版会
  記述統計と推測統計が，基礎から丁寧に解説されています．必要なことが過不足なくしっかりと書かれている，スタンダードともいえる教科書です．

主に第 3 章の内容に関わるもの
- 永田靖（2005）　統計学のための数学入門 30 講　朝倉書店
  数学のテキストです．微分・積分や線形代数についても解説されています．数学が，統計学ではどのような形で利用されているかについても書かれているのが特徴です．

主に第 4 章の内容に関わるもの
- 永田靖・棟近雅彦（2001）　多変量解析法入門　サイエンス社
  最小二乗法の計算方法が，丁寧に解説されています．ベクトルと行列を使った書き方と，使わない書き方の両方が掲載されているのが特徴です．回帰分析以外にも，様々な分析方法の解説があります．

主に第 5 章・第 6 章の内容に関わるもの
- Dobson, A. J.（著）　田中豊・森川敏彦・山中竹春・冨田誠（訳）（2008）　一般化線形モデル入門（原著第 2 版）　共立出版
  一般化線形モデルについて，基礎から解説しています．正規線形モデル，ロジスティックモデル，ポアソンモデルなど様々な種類の GLM の解説があります．

- **粕谷英一**（2012）　一般化線形モデル　共立出版
  一般化線形モデルを，R で実行する方法も併せて解説しています。交互作用について詳しい解説があるのが特徴です。

- **久保拓弥**（2012）　データ解析のための統計モデリング入門　岩波書店
  GLM，GLMM，階層ベイズモデルまでをわかりやすく解説している本です。AIC によるモデル選択や，モデル選択と検定の違いなどについても詳しく書かれています。「みどり本」の愛称で親しまれています。

- McCulloch, C. E., Searle, S. R., & Neuhaus, J. M.（2008）*Generalized, Linear, and Mixed Models*（2nd ed.）. Wiley.
  LM，GLM，GLMM まで，理論と計算方法を説明した本です。数式が中心ですが，数理的な部分をしっかりと学びたい方にはおすすめです。

- **松浦健太郎**（2016）　Stan と R でベイズ統計モデリング　共立出版
  Stan と呼ばれる確率的プログラミング言語を R から動かし，ベイズモデリングを行う方法が解説されています。モデリングに使用される，様々な確率分布に関する解説も充実しています。

- **高井啓二・星野崇宏・野間久史**（2016）　欠測データの統計科学―医学と社会科学への応用　岩波書店
  本書では解説できなかった，欠損値がある場合のデータ分析について解説しています。欠損値を無視して分析をすると，どのような問題が生じるのかについても詳しく書かれています。

- **照井伸彦**（2010）　R によるベイズ統計分析　朝倉書店
  ベイズ統計の基礎から，ベイズモデリングの方法，またそれを R で実行する方法も解説されています。

おわりに

　本書は，筆者が 2015 年から京都大学文学部で非常勤講師として担当している授業「心理学実習 II―心理学統計の基礎」と，京都大学大学院文学研究科心理学研究室で開催された GLM 勉強会の内容に，追加・修正を行い書籍化したものです。

　筆者の専門は，統計学ではなく，動物の認知・行動とその遺伝的基盤に関わる研究をしています。しかし，研究で様々なデータ分析を行ううちに，統計モデリングや R の面白さに触れ，研究室内で勉強会を開いたり，学部生向けの統計の授業を担当したりするようになりました。そのような経験を踏まえて，まとめたのが本書です。筆者自身，まだまだ勉強不足な点もありますが，本書がこれからデータ分析を行うことになる学生の役に立つことができれば，心から嬉しく思います。

　本書執筆の機会を与えてくださいました，京都大学大学院文学研究科の藤田和生先生に，心より感謝申し上げます。また，京都大学大学院文学研究科大学院生の山下寛樹さんには，原稿を丁寧に見ていただき，有益なコメントをいただきました。心理学研究室での勉強会に参加してくださり，様々な質問やコメントをくださった大学院生，ポスドク，OB の皆様にも感謝申し上げます。また，本書の出版をご快諾くださいました，株式会社ナカニシヤ出版の宍倉由高さん，山本あかねさんにも御礼申し上げます。

索　引

あ

IQR　16
赤池情報量基準(Akaike information criteria: AIC)　107
一様分布(uniform distribution)　27
一般化線形混合モデル(generalized linear mixed model: GLMM)　128
一般化線形モデル(generalized linear model: GLM)　94, 95, 99
SE　37
SD　15
F分布(F-distribution)　50
エラーバー(error bar)　43
応答変数(response variable)　61
オーバーフィッティング(over fitting)　107
オッカムの剃刀(Occam's razor)　107
オッズ(odds)　103
　　——比(odds ratio)　103

か

回帰分析(regression analysis)　93
階級(class)　9
　　——値(class value)　9
カイ2乗分布(chi-squared distiribution)　50
階層ベイズモデル(hierarchical Bayesian model)　133
ガウス分布(Gaussian distribution)　30
過学習→オーバーフィッティング
確率分布(probability distribution)　27
確率変数(random variable)　27
確率密度関数(probability density function)　30

型　54
片側検定(one-sided test)　47
傾き(slope)　62
カテゴリ変数(categorical variable)　2
間隔尺度(interval scale)　2
関数(function)　7
観測値(observed value)　2
ガンマ分布(gamma distribution)　33, 116
棄却域(rejection region)　47
危険率　49
擬似相関(supurious correlation)　23
期待値(expected value)　29
帰無仮説(null hypothesis)　46
　　——を棄却する(reject)　46
帰無モデル(null model)　68
逆行列(inverse matrix)　59
Q-Qプロット　71
95%信頼区間　41
行(row)　3, 54
共分散(covariance)　18
　　——分析(analysis of covariance: ANCOVA)　94
行列(matrix)　54
区間推定(interval estimation)　40
クックの距離　73
クロス表　110
欠損値(missing value)　128
検定統計量(test statisitic)　46
効果量(effect size)　49
交互作用(interaction)　86
交絡(confounding)　91
誤差(error)　63
五数要約(five-number summary)　13
固定効果(fixed effect)　120
混合モデル(mixed model)

120, 121
コンソール(console)　4

さ

最小二乗法(least square method)　64
最小値(minimum)　12
最大値(maximum)　12
最頻値(mode)　14
最尤法(maximum likelihood method)　100
残差(residual)　63
　　——逸脱度(residual deviance)　107
　　——平方和(residual sum of squares: RSS)　64
3シグマ範囲(three-sigma range)　33
散布図(scatter plot)　18
散布度(dispersion)　15
サンプルサイズ(sample size)　34
GLM→一般化線形モデル
次元　53
試行(trial)　28
指数型分布族(exponential family of distributions)　116
質的変数(qualitative variable)　2
四分位数(quartile)　12
四分位範囲(interquartile range)　16
尺度(scale)　2
自由度(degree of freedom)　41
主効果(main effect)　87
順序尺度(ordinal scale)　2
診断(diagnosis)　70
信頼区間(confidence interval)　41
信頼係数(confidence coefficient)　41
水準(level)　81
ステューデントのt分布

139

(Student's *t*-distribution) 41
スピアマンの順位相関係数 (Spearman's rank correlation coefficient) 22
正規確率プロット 71
正規線形モデル (normal linear model) 94
正規分布 (normal distribution) 30
制限付き最尤法 (restricted maximum likelihood method: REML) 124
正の相関 (positive correlation) 18
成分 53
正方行列 (square matrix) 57
z 得点 (z-score) 33
切片 (intercept) 62
説明変数 (explanatory variable) 61
セル (cell) 3
線形混合モデル (linear mixed model: LMM) 121
線形モデル (linear model: LM) 61
線形予測子 (linear predictor) 99
全数調査 (census) 33
相関 (correlation) 18
——係数行列 (correlation coefficients matrix) 60
相対度数 (relative frequency) 9
測定 (measurement) 2
——値 (measured value) 2

た

第一種の誤り (type I error) 48
対角行列 (diagonal matrix) 58
対角成分 57
対称行列 (symmetry matrix) 58
対数線形モデル (log linear model) 111
大数の法則 (law of large numbers) 38
対数尤度 (log likelihood) 101
第二種の誤り (type II error) 48
代表値 (average) 14
タイプ I 検定 (type I test) 79
タイプ II 検定 (type II test) 88
タイプ III 検定 (type III test) 79
対立仮説 (alternative hypothesis) 46
多重共線性 (multicollinearity) 76
ダミーコーディング (dummy coding) 82
ダミー変数 (dummy variable) 82
単位行列 (identity matrix) 58
単純無作為抽出 (random sampling) 34
端点制約によるパラメータ化 (corner-point parameterization) 82
中央値 (median) 13
中心極限定理 (central limit theorem) 39
直線的な関係 18
釣り合い型データ (balanced data) 89
データフレーム (data frame) 5
テコ比 (leverage) 71
デザイン行列 (design matrix) 74
点推定 (point estimation) 40
転置行列 (transposed matrix) 57
統計的仮説検定 (statistical hypothesis test) 46
統計的推定 (statisitical estimation) 34
統計的に有意な差 (statistically significant difference) 49
統計量 (statisitics) 34
独立 (independent) 28
度数 (frequency) 8
——分布 (frequency distribution) 8
——表 (frequency distribution table) 8

な

生データ (raw data) 8
二項分布 (binomial distribution) 28

は

箱ひげ図 (boxplot) 12
外れ値 (outlier) 13
パラメータ (parameter) 62
反復測定デザイン (repeated-measures design) 119
ピアソンの積率相関係数 (Pearson's product-moment correlation coefficient) 20
p 値 (p-value) 46
引数 7
被験者内要因計画 (within-subject design) 119
ヒストグラム (histogram) 10
非釣り合い型データ (unbalanced data) 89
標準化 (standardization) 33
——残差 (standardized residual) 71
標準誤差 (standard error) 37
標準正規分布 (standard normal distribution) 31
標準偏差 (standard deviation) 15
標本 (sample) 34
——抽出 (sampling) 34
——調査 (sample survey) 34
——統計量 (sample statistics) 34
——の大きさ 34
比率尺度 (ratio scale) 2
比例尺度 2
頻度主義 (frequentism) 133
負の相関 (negative correlation) 18
不偏推定量 (unbiased estimator) 39
不偏分散 (unbiased variance) 16, 39

フルモデル(full model) 106
分割表(contingency table) 110
分散(variance) 15
　——共分散行列(variance-covariance matrix) 60
　——分析(analysis of variance: ANOVA) 86, 94
平均値(mean) 14
ベイズ統計学(Bayesian statistics) 133
ベイズの定理(Bayes' theorem) 133
ベクトル(vector) 53
ベルヌーイ試行(Bernoulli trial) 28
偏差 15
変数(variable) 1
偏相関係数(partial correlation coefficient) 24
変量効果(random effect) 120
ポアソン回帰分析(Poisson regression analysis) 111
ポアソン分布(Poisson distribution) 30, 110
飽和モデル(saturated model) 112
母集団(population) 33
母数(parameter) 34

ま

マルコフ連鎖モンテカルロ法(Marcov-chain Monte Carlo: MCMC) 133
名義尺度(nominal scale) 3
目的変数(objective variable) 61
モデル選択(model selection) 108

や

有意水準(significance level) 46
尤度(likelihood) 100
　——関数(likelihood function) 101
　——比検定統計量(log likelihood ratio test statistics) 106
要素 53
予測(predict) 61

ら

ラプラス近似(Laplace approximation) 133
ランダム傾きモデル(random slope model) 125
ランダム切片モデル(random intercept model) 125
離散変数(discrete variable) 2
両側検定(two-sided test) 47
量的変数(quantitative variable) 2
累積相対度数(cumulative relative frequency) 9
累積分布関数(cumulative distribution function) 29
零和制約によるパラメータ化(sum-to-zero constraint parameterization) 83
列(column) 3, 54
連結関数(link function) 99
レンジ(range) 17
連続変数(continuous variable) 2
ロジスティック回帰分析(logistic regression analysis) 99
ロジスティック関数(logistic function) 98
ロジスティック曲線(logistic curve) 98
ロジット関数(logit function) 99

わ

ワルド検定(Wald test) 104
1サンプルのt検定(one-sample t-test) 46

関数一覧表

関数名	主な機能	初出ページ
Anova()	car パッケージ内。F 検定，ワルド検定，尤度比検定などを行う	79
anova()	タイプ I 検定を行う	80
boxplot()	箱ひげ図を描く	12
c()	ベクトルを作成する	54
cbind()	複数の列を結合する	93
coef()	モデルオブジェクトからパラメータを取り出す	124
confint()	パラメータの信頼区間を求める	66
cor()	相関係数を求める	20
cumsum()	累積和を求める	9
dbinom()	二項分布の確率を求める	28
diag()	対角行列を作成する	58
getME()	lme4 パッケージ内。lmer オブジェクトや glmer オブジェクトからモデルの要素を取り出す	122
glm()	一般化線形モデルのパラメータ推定を行う	101
glmer()	lme4 パッケージ内。一般化線形混合モデルのパラメータ推定を行う	130
help()	関数のヘルプを呼び出す	7
hist()	ヒストグラムを描く	11
install.packages()	パッケージをインストールする	7
IQR()	四分位範囲を求める	16
length()	ベクトルに含まれる要素の個数を求める	16
library()	パッケージを呼び出す	8
lm()	線形モデルのパラメータを推定する	64
lmer()	lme4 パッケージ内。線形混合モデルのパラメータ推定を行う	122
log()	対数をとる	103
logLik()	モデルの対数尤度を求める	105
matrix()	行列を作成する	54
mean()	平均値を求める	14
median()	中央値を求める	14
model.matrix()	デザイン行列を作成する	75
numeric()	数値ベクトルを作成する	35
pbinom()	二項分布の累積確率を求める	29
pcor()	ppcor パッケージ内。偏相関係数を求める	24
pf()	F 分布の累積確率を求める	69
plot()	作図を行う	70
pnorm()	正規分布の累積確率を求める	31
predict()	モデルによる予測値を求める	65
prop.table()	相対度数を求める	9
pt()	t 分布の累積確率を求める	45
qt()	t 分布で，累積確率が x になる点を求める	43
rank()	数値を順位に変換する	22
read.csv()	CSV ファイルを読み込む	5
rnorm()	正規分布に従う乱数を発生させる	35
sd()	標準偏差を求める	16
seq()	等差数列を作る	12
solve()	逆行列を求める	59
sqrt()	平方根を求める	16
stepAIC	MASS パッケージ内。AIC によるモデル選択をおこなう	108
sum()	ベクトルの総和を求める	23
summary()	要約統計量を求める	13
t()	転置行列を求める	57
table()	度数分布を求める	9
var()	不偏分散を求める	16
write.csv()	CSV ファイルを出力する	93

著者紹介

堀　裕亮（ほり　ゆうすけ）
2009 年京都大学文学部卒業
2014 年京都大学大学院文学研究科修了　博士（文学）
現職：京都大学大学院文学研究科教務補佐員ならびに，
京都大学野生動物研究センター教務補佐員を務める。
専攻：比較認知科学／認知行動遺伝学
主著：

Hori, Y., Tozaki, T., Nambo, Y., Sato, F., Ishimaru, M., Inoue-Murayama, M., & Fujita, K. (2016). Evidence for the effect of serotonin receptor 1A gene (HTR1A) polymorphism on tractability in Thoroughbred horses. *Animal Genetics, 47*, 62-67.

Hori, Y., Ozaki, T., Yamada, Y., Tozaki, T., Kim, H. S., Takimoto, A., Endo, M., Manabe, N., Inoue-Murayama, M., & Fujita, K. (2013). Breed differences in dopamine receptor D4 gene (DRD4) in horses. *Journal of Equine Science, 24*, 31-36.

Hori, Y., Kishi, H., Inoue-Murayama, M., & Fujita, K. (2013). Dopamine receptor D4 gene (DRD4) is associated with gazing toward humans in domestic dogs (*Canis familiaris*). *Open Journal of Animal Science, 3*, 54-58. など。

ゼロからはじめる統計モデリング

2017 年 4 月 20 日　　初版第 1 刷発行　　定価はカヴァーに表示してあります

著　者　堀　裕亮
発行者　中西　健夫
発行所　株式会社ナカニシヤ出版
〒606-8161　京都市左京区一乗寺木ノ本町15番地
Telephone　075-723-0111
Facsimile　075-723-0095
Website　http://www.nakanishiya.co.jp/
Email　iihon-ippai@nakanishiya.co.jp
郵便振替　01030-0-13128

装幀＝白沢　正／印刷・製本＝亜細亜印刷株式会社
Copyright © 2017 by Y. Hori
Printed in Japan.
ISBN 978-4-7795-1136-3 C1011

◎本書のコピー，スキャン，デジタル化等の無断複製は著作権法上での例外を除き禁じられています。本書を代行業者等の第三者に依頼してスキャンやデジタル化することはたとえ個人や家庭内の利用であっても著作権法上認められておりません。